Spiritual Growth

心灵的成长

第2版

李桦　张广东　编著

·广州·

图书在版编目（CIP）数据

心灵的成长 /李桦，张广东编著. —2 版. —广州：中山大学出版社，2021. 11
ISBN 978-7-306-06532-2

Ⅰ. ①心…　Ⅱ. ①李… ②张…　Ⅲ. ①大学生—心理健康—健康教育　Ⅳ. ①G444

中国版本图书馆 CIP 数据核字（2018）第 300490 号

Xinling de Chengzhang（Di-er Ban）

出 版 人：王天琪
策划编辑：陈　慧　翁慧怡　王　润
责任编辑：翁慧怡
封面设计：林绵华
插画作者：林帝沅
责任校对：陈　莹
责任技编：靳晓虹
出版发行：中山大学出版社
电　　话：编辑部 020-84110283，84113349，84111997，84110779
发行部 020-84111998，84111981，84111160
地　　址：广州市新港西路 135 号
邮　　编：510275　　传　真：020-84036565
网　　址：http：//www.zsup.com.cn　E-mail：zdcbs@mail.sysu.edu.cn
印 刷 者：佛山市浩文彩色印刷有限公司
规　　格：880mm×1230mm　1/32　7.625 印张　230 千字
版次印次：2008 年 10 月第 1 版　2008 年 10 月第 1 次印刷
2021 年 11 月第 2 版　2021 年 11 月第 4 次印刷
定　　价：68.00 元

谨以此书献给
每一位刚进入大学的新生
祝愿你们从中获得
不断学习和成长的力量

引言：古典诗学与大学教育

编者按：2005年9月，中山大学心理健康教育咨询中心(以下简称“中心”)设立了“成长论坛”系列讲座，邀请国内外相关专家学者主持，在普及心理学的基本知识、介绍增进心理健康的途径、传授心理调适的方法的同时，注重传播人文精神，变知识的教育为智慧的教育，将心理健康教育从具体的知识层面上升到人文关怀的层面，关注学生内在精神的成长与完善。

2006年10月，中心邀请哲学系刘小枫教授主持“成长论坛”第38期，在中山大学小礼堂为广大学生做题为“古典诗学与大学教育”的讲座。刘小枫教授在讲座中展现的对当今整个教育处境的思考给了我们很大的触动。也是从这次讲座开始，我们着手策划编撰一本与“心灵的成长”有关的书，并作为“关爱心灵的礼物”送给每一位刚刚踏入大学校门的新生。今天，这本书终于付梓了，经刘小枫教授同意，我们把“古典诗学与大学教育”的讲座录音整理稿作为这本书的引言。

我们现在把学术或者高等教育分成三大块：自然科学、人文科学、社会科学。我们可能会以为，这样的学科划分是天经地义的，其实这一划分是在19世纪才开始慢慢出现的，换句话说，如此划分是近代形而上学知识论的结果——我们的大学教育建制就以此为基础。

在这里讲这些是什么意思呢？我想说的是，我们应当明白自己的处境——明白我们是在受什么样的知识教育，以及是在施行什么样的知识教育。

今天，我们从高中开始就得关注专业——文、理要分科，考大学时选择专业更让人伤脑筋。我国古代教育有所谓“六艺”，西方古代教育有所谓“七艺”，但“六艺”“七艺”中的各艺不是专业，而是科目，统统要学，不能分而专治之。什么叫作专业？它是基于知识的分化和分工的，是指一个非常细致的知识门类，不仅如此，它还与一个相应的职业行当对应——学什么专业就找什么工作，如果“专业不对口”就会被认为是“浪费人才”或“浪费国家资源”。由此我们可以明白，所谓专业知识，指的是具有实效或实利性的知识。

如果我们说，知识的分化或分工是现在才有的事情（因为知识积累得太多了，一个人学不过来），恐怕会言过其实。即便在古代，做鞋（鞋匠）当具备的知识与造船（船匠）当具备的知识显然不一样，也得分而学习之。因此值得一问的是，什么样的知识才会出现分化或分工呢？严格来讲，只有实利性的知识需要分化或分工——“实”者，“实用”也；“利”者，“利益”也。

尽管非实利性知识学科分化的原因不是实利性的，但我们的专业如今已经处在一个实利化的处境——市场之中。在这个处境中，无论谈论什么专业，都是在市场化的意义上谈专业。我们现在的大学是一个市场，这不是比喻性说法。怎样讲呢？谁都可以看到，现在的大学无不以市场为向导——市场需要什么专业的人才，我们的大学马上就创办一个专业出来。一些名牌大学的历史系改名为“历史旅游学院”，中文系改名为“新闻与文化传播学院”，英语系改名为“商贸英语系”——这些发展显然都是为了适应市场需要。不想则已，想起来也确实觉得纳闷：

是谁在主导我们的大学如此“发展”?

面对大学这个市场，不仅学生进校前就面临市场就业的考虑，由于大学的发展要适应市场需要，甚至主导大学中的教学观念的也是市场——教书和读书都是为了学子今后能够在市场上更好地出卖自己的知识。于是，我们不断听到这样的呼吁：教（或学）的知识必须实用，否则就没有价值。不仅如此，大学市场化也侵入文、史、哲各学科的内在肌理。尼采的《查拉图斯特拉如是说》卷一里有一节的标题叫作“市场的苍蝇”，说的是在现代民主社会中，人文学科中的好些学问变成了市场上的苍蝇，哪里有腥味就跑去哪里。这里所谓的市场苍蝇，指的是各式各样时髦的知识和流行的“主义”说——这就是“后现代主义”所表达出来的东西，后面有很多主义，什么后殖民主义、女性主义、后女权主义，诸如此类的“主义”此起彼伏、层出不穷，学生进校后马上就会受市场声誉和市场意见（各种“主义”）的熏陶。

大学为什么会成为这个样子？大学本来不是这个样子，不应该是这个样子啊！不少人焦急地如是说。我倒觉得：大学就是这个样子——确切点讲，现代的大学就是这个样子。倘若以为“大学市场化”是被现代化搞坏的，大学本来不是这个样子，我们首先就得有一个关于大学应该是个什么样子的观念，不然怎么比较？大学过去（比如说 20 世纪五六十年代）不管市场需求吗？的确如此，但这并非意味着我们的大学不是“实利取向”的。毋宁说，当时的体制为计划经济，因而大学的“实利取向”为计划经济性而已。

如果回过头来看看大学形成的历史过程，就会发现大学现在的这个样子差不多就是大学本来要成为的那个样子。实际上，古代没有现代意义上的“大”学，如今的大学之为“大”，首先体现在人数上。在古代，无论在中国还是在西方国家，读书人都很少。现在的大学动辄上万人。为什么以前读书人少？——这个问题很不容易回答，但可以肯定是一个否定性的回答：绝非因为所谓“封建主义的蒙昧”。有人会说，大学扩招是近十年来的事情，以前并非如此。我想说，其实这并非真正的原因。如今的社会风气是逼着许多人上大学，根本原因在于大学与现代化的原生性关系——现代的大学基于大众化的教育理念，换言之，教育的大众化是促使现代大学产生的第一个理念。现代的大学起初人数不多，这是由于经济条件的限制，而非大学理念本身的限制。一旦经济条件许可，让所有人都能上大学，就是一个可求的理想目标——我们并没有想过让所有人接受“哲学理性”的教育究竟意味着什么，也没有想过一个在古希腊哲学中就已然出现的问题：美德可教吗？

现代大学产生的原因除了启蒙观念，还有一个原因——为什么现代的大学是在19世纪突然如雨后春笋般生长起来？那个时候，民族国家争先恐后地形成。从某种意义上来说，现代化就是一个政治共同体脱离自身传统的文明秩序，成为民族国家的过程，这个事件当然也支配了中国现代教育的走向，这就是：教育要为民族国家的崛起服务。可以理解的是，任何一个传统的政治共同体若要成为现代的民族国家，都需要为自己民族的新生和国家的形成培养专才。所以，当有人说我们的大学现在败坏了的时候，我说没有。毋宁说，我们的现代化进入了一个新的历史形态，大学因应了这一形态。什么形态？全面市场化、技术化的形态。倘若要质疑现在的大学，必然质疑现代化。

如果我们不跳出现代这个视野，找到一个参照物来看现代的大学，我们就没有办法把“自身的处境”这个问题弄清楚。古代教育和现代教育的根本差别在什么地方？根本性的差别不容易说清楚，明显的差别首先就是前面提到过的：在传统时代，读书人很少。第二个差别是，传统教育不是实利性的知识教育。柏拉图的《普罗塔戈拉》是一篇关于教育的古代经典文献，在这部作品中，苏格拉底把知识分为两种类型：一是实利性的——涉及实用和利益的知识；二是涉及人的德性的知识，或者说关于道德的知识。这两种知识有什么差别呢？道德的知识不实用，俗话说，不能当饭吃。但道德的知识也不是那么不实用，因为所谓道德的知识是实践的知识——是关于人的行为自身的知识。如今的实利性知识在古代的学堂里是不讲的。为什么不讲？原因不仅仅是这类知识不需要成为一种理论，还有别的原因：实利－技术性的知识是人在一定年龄之后就不大会有兴趣再去学习的东西，因为这类知识并不关涉灵魂幸福的事情。

德性的知识并不提供一个人获得生计能力的知识（用今天的话来说是不实用的），而是让人懂得什么叫作“幸福生活”，从而成为自由的人。现代的大学，至少就我们目前所处的状况来看，恰恰是实利－技术性知识成了大学主要教授的知识——这不仅指学习这类知识的在校学生最多，而且好些本来（传统上）是实践的（道德－政治）知识（如今的人文学科），也变成了实利－技术性知识。

不同的人对幸福的理解是不同的，甚至是有争议的。在《尼各马可伦理学》中，亚里士多德说道：“多数人把快乐等同于善或幸福，所以他们喜欢过享乐的生活，第二种是有德性的生活，第三种是沉思的生活。一般人显然是奴性的，他们宁愿过动物式的生活。不过他们也不是全无道理……”这段话在今天看来，我以为最值得注意的是最后一句。因为当今的大学教育恰恰基于这种“多数人或一般人”的幸福观——所谓民主的时代。由此我们也许可以明白，为什么在古代读书人会很少——这不仅因为学习实利－技术性知识并不需要书本，而且因为多数人并不欲求德性的（遑论沉思的）生活。联想到前面对现代大学形成的两个基本成因的分析，也许可以说，在现代民主时代，教育发生了根本性的转变：实利－技术性知识这些在古代不进学堂的东西成了如今大学教育的主体，政治的（实践的）知识变成了普遍的理性知识，而沉思的生活则被要求取消。这样一来，少数人与多数人的区分就消失了——确切点说，少数人被要求与多数人看齐。

这样讲，岂不是说古代多数人就没有受到道德－政治教育了吗？

当然不是。在古代，多数人所受到的道德－政治教育可能比我们现代人还要多，只不过这些人所受的道德－政治教育的方式在古代并不称为“教育”，而是称为“宗法”制度（在西方则是宗教制度）。在古代，法律与道德、宗教乃至习俗并没有分离，因而，宗法、宗教制度本身就起着如今所谓的教育作用。宗法－宗教式教育是通过制度来实施的，不是一种学堂－学园式的教育。中国古代没读过书的人也有教养，是因为通过家教获得了教养——家教与宗法制度联系在一起，这种教育就是教你从小“必须做好人”。启蒙运动以后，传统的“宗法－宗教”被打倒，无异于抽掉了多数人受道德－政治教育的机制。这样一来，就要求推行普及启蒙理性的教育。可是，倘若现代的大学仍然不足以让多数人上大学，或者说，即便许多人上了大学，但学的却是实利－技术性知识，那么，多数人无异于没有机会受到道德－政治教育。

现在，我们已经看到现代大学一些显而易见的困难——主要见于两个要点：不能以对多数人施行道德－政治教育代替以前的宗法－宗教式教育，因为在如今的大学中，多数人学的是实利－技术性学科，并没有多少道德－政治教育；另一方面，由于大学的普及化、扩大化趋势，文科这类本来是少数人学的专业也变成了多数人学的专业，为了适应这些多数人的“趣味”，传统上少数人应当且能够受到的“对内的”教育也就变味甚至取消了。

大学时光可能是各位人生最后一段清纯的闲暇岁月，这段闲暇岁月确实珍贵无比——如何善用这段闲暇岁月，值得每个珍视自己人生的青年憧憬。

刘小枫

2006年10月31日

第2版序言：人是什么？我们是谁

编者按：2021年的我们依旧身处新冠肺炎疫情带来的全球危机旋涡之中，如何于后疫情时代安身自处，成为诸多生命个体思考的核心。作为送给大学生的一份心灵的礼物，在《心灵的成长》一书再版之际，我们恭请中山大学哲学系的冯达文教授为其作序，以先生学海拾贝六十载的知识境界与丰富经历，引领我们更加真切地面对日常生活世界，于变化中安顿身心。

人生天地间，天地宇宙赋予人类最可珍爱的是什么？

在苏格拉底看来，天地宇宙赋予人类最可珍爱的无疑是理性，人是理性的动物。因为理性为其他动物所不具，故苏氏给出的自当是事实判断。但是，他原是要以理性来成就道德的，因之，这也是他从价值取向的角度做出选择而给出的一种判定。而且苏氏绝不会想到，理性在后来的张扬中，已演变成如何可以更精确地掠夺自然与社会及他人的一种手段。天地宇宙怎么能够容忍自己塑造的精灵做出如此背叛自己的行为呢？

在洛克、霍布斯、卢梭那里，则以天生而自由与平等论说人之所禀得。这种说法也许是最没有事实根据的。因为单独个人不可能谋得生活资源，人必须结成社群才能生存。从事实的角度看，卢梭的见解其实远远比不上荀子的说法来得确切：人“力不若牛，走不若马，而牛马为用”，为什么？因为“人能群”也。（《荀子·王制篇第九》）当然，源于经济发展到一定程度，社会结构可以更加松动的历史变迁，这种说法作为一种价值信仰已然成为时尚，只是在平等到可以消解任何高贵的追求，把人剥落为赤裸裸的利益个体，自由到可以带着病毒任意闯荡而目中无人时，我们不知道世界还能走向哪里。

更后出现了一些新的说法，如卡西尔认为人最突出的特点是能够制作与运用符号，人是符号的动物。确实，宗教、艺术、哲学、科学都是符号，亦都是人才能运用。卡西尔的说法无疑更利于开显人的创造性，这亦寓含有他的价值导向。凭着人的心灵的这种创造性，人们已经可以不断地编织虚幻，并且把虚幻的执念认为是真实的了（虚拟实在论）。可是庄子早已揭明，人类由混沌到开窍的结果，不就是能够不断想出许多法子欺骗自己，也欺骗别人，使大家不管怎样都似乎感到幸福与快乐吗？追求繁密的心力创造与不断叠加的智巧包装，不如回到我们日常生活的真实世界中来。

在日常的真实生活中，有喜怒哀乐，有生老病死，但那都是我们应该经历、应该坦然面对的。而且正是这样一种经历，特别是痛楚的经历，我们才能更深切地感受到自己活生生地“在”。这样一种经历伴随着“我”，成就着“我”。正是在日常喜怒哀乐、生老病死的经历中，我们获得了存在论的证明。

又且，正是在日常的真实生活中，我们才得以与他人“在一起”（曾经、正在或未来）。“我”吃的、用的每一样东西，都关联着他人；他人与“我”的每一次相遇、每一分惦念，以至每一次吵闹，都会使

“我”感受到“我”在这个世界上并不是单独的。我们其实盼望“在一起”，而且没有办法不“在一起”。我们是“在一起”的，所以我们才会为我们每天艰辛的劳作成果可以与他人“在一起”分享而感受到“我”在大家之中成就着意义并获得快乐。我们的价值论由此证成。

这即是说，回归日常真实的生活世界，直面现实世间的种种变幻，其实无须把自己抽离开去，以为使自己孤悬事外才可以求得自在；更无须求助于某种异己力量，以为唯如此方能获得救赎。不是的。在我们日常生活的真实世间，我们每个个体自然本然地就孕育着亲亲之情、恻隐之心。只要我们用心去守护这份情感之心，不断地激发与推动这份情感之心，我们就可以拥有美好的人生，拥抱美好的世界。也许这种美好的追求，并不是在我们这一代人就可以实现的。但是，我们这一代已经充分地享受到以往一代又一代付出的努力乃至牺牲的巨大成果。我们这一代，难道不是应该通过自己的努力乃至献身，来为下一代展现更加绚丽的前景、更加美好的未来？

《周易·乾卦》称：“天行健，君子以自强不息。”天地宇宙用它的精巧组合把我们人类塑造成为最优秀的族群，我们岂能浪费这份宝贵的赠予？我们要无愧于此生啊！这是中国文化为我们营造的人生观。我们崇尚这种生命情调！

中山大学哲学系　冯达文教授

辛丑年中秋于康乐园作

第 1 版序言：发现您的心灵

第一次看到《心灵的成长——关爱心灵的礼物》一书稿是在 2008 年 6 月，我从四川地震灾区进行心理援助工作归来之时。中山大学心理健康教育咨询中心（以下简称“中心”）主任李桦博士给我电话，告诉我中心的老师编写了一本书作为送给大学新生的礼物，并邀请我作序。我为他们对学生的爱所深深打动，欣然接受。当我拿到这本被成长的青春气息包围着，而且非常方便学生阅读和携带的小册子时，有一种爱不释手的强烈感觉。无论是标题还是内容，无论是开本还是设计，都让人感到清新、温暖、亲切和贴心。我浏览了全部内容，想象自己是一个刚刚步入大学新生活的年轻人，期待从书中找到人生新起航的智慧和指引，成为一个有目标方向的人、一个健康和谐的人、一个乐观向上的人。我想，我确实从书中得到了启发。

每个人在不同阶段都会有成长的渴望，但同时也会有不同的困扰。这本书是送给大学新生的一份关爱心灵的礼物，是国内目前鲜见的关于大学生心灵成长交流式的心理健康读本，是一份可供大学生享用四年甚至终身的精神大餐。婉转清简的案例、生动灵巧的描述、丰富多样的材料及活泼有趣的测试，都渗透着编者对学生的关爱之情。

大学是给每个走进来的人实现梦想的地方。四年时光虽然短暂，但对人一生发展的影响却具有决定性的力量。心理学家的研究证明，大学阶段是掌握专业知识技能和个人自我发展完善的重要时期，两大任务并驾齐驱，缺一不可。自我发展涉及的领域很宽，包括自我认知、学习适应、人际交往、情绪管理、科学思维、团队合作、婚恋态度、潜能开发、求职择业、身心健康等，重视的是个人全面、健康而和谐的发展。但是，我在20多年从事大学生心理健康教育的实践中发现，许多学生进入大学后，一直苦苦挣扎在自信、两性交往、人际关系、情绪调控、前途命运等人生课题中，生活中充满困惑和烦恼。这与以前的教育有密切的关联。在应试教育模式下，由于考试的压力，学校只重视升学率，教师的注意力也主要放在知识的传授方面，学生的注意力集中在如何取得好成绩，很少着眼于学生的情绪、意志、自我形象和性格的培养。只有优异的成绩但不懂与人交往的人是寂寞的人，只有过人的智商但不懂得控制情绪的人是危险的人，只有超人的推理但不了解自己的人是迷惘的人。每一个学生在进入大学后，面对生活和环境的新变化都可能会出现适应不良的现象，这是成长过程中不可缺少的经历。大多数人会在面对困难、克服困扰、调整心态中逐渐成长和成熟，但也有少数人会陷入痛苦和挣扎中难以自拔。虽然学校会提供心理健康教育和心理咨询的服务，但服务的质量毕竟有限。为了帮助更多的大学生成长，促进其心理健康，编写这样的心灵成长手册，对大学生活中的各个主题加以讨论，传递健康的人生态度，为大学生提供更多的价值选择、知识与技能，必将促使大学生了解影响个人行为形成的社会与心理学因素，来改善自我和人我关系，进而提升个人生活质量，拥有美好、健康的青春年华。

每一个大学生都渴望成功。心理学研究证明，一个人成功要具备智商、情商、逆商和创造智商。智商是指聪明、智慧、推理、判断。情商是指情绪和意志，包括了解自己、调整自己、管理自己，以及了解别人、与别人和睦相处。逆商即不被逆境吓倒，能够调整方向继续前进。创造智商包括创造性、灵活性。这四个心理品质互相影响，相辅相成。只要你勇敢地面对新环境，培养积极乐观的心态，勤于学习，善于学习，探索心灵，挖掘潜能，你就可以享受每一天的美好生活，拥有无憾无悔的、丰富的大学生活。

愿这本心灵成长的小册子陪伴你的大学生活，成为你人生成长路上的朋友。

樊富珉

2008 年 9 月 20 日于清华园

目　录
CONTENTS

第一章　迈向身心健康的生活观

风停在窗边
嘱咐我们要
热爱这个世界
2021.6.1.小林漫画

人生下来不是为了抱着锁链，而是为了解开双翼；不要再有爬行的人类。我要幼虫化成蝴蝶，我要蚯蚓变成活的花朵，而且飞舞起来。

——雨果

清晨起来跑步的时候，林间空地上一个人也没有。草地上有很多黑色的大鸟，仿佛是这些年才迁居到康乐园的。风吹来的时候，有一丝清晨淡淡的树的味道。脚底下是一片片细碎的金黄的榕树叶，可能是前一天耗尽了生命，或者是被太多的阳光烤焦了，又或者是好奇和眷恋着脚下的土地，无论有怎样的生命故事，我看见它们的样子都很安适。我加快了脚步，想去体会一下挥汗如雨的感觉，可我做不到。于是，我决定按照自己的节奏去走这条长长的校道，任思绪纷飞：想到一道从心中升起的彩虹，想到孩子黑白分明的眼睛，想到曾经仰望过无数次的星空，想到夜里汹涌的海浪，想到感恩的心……想到这些的时候，我笑了，这也是一种晨练的方式，我自己的方式。

在长夏过后的第一个清晨，将会有一批新生跨入校园。不知道在他们青春的脸上是不是都带着梦想，带着希望；或者，只剩下长时间超强度的考试之后的麻木；或者是对前途的担忧远远压倒了对新环境的好奇；又或者以为进入大学后，一切都水到渠成了？然而，在一份崭新生活开始的时候，我们更想让大家知道：我们所能实现的必然是我们所想象与冀望的，同时也是我们所愿意去投入、行动和付出的。

大学是一个训练场，当我们从高考前简单的生活方式中抽离，可以有更多的时间与空间来安排自己的生活的时候，并不是每一个人都懂得如何选择一种平衡的、和谐的、积极的、成长的与逐渐步向完善的生活。我们更愿意相信：心性活泼地演绎自己的生命故事，成就自己的精神教养，迈向身心健康的生活观是一个不断精进和修习的历程，也是本书希望带你走入并一起探讨的殿堂。

身心健康是一种观念，也是一种价值的抉择。平衡不仅意味着学业、社会活动、美育、体能等方面的平衡，还意味着个人发展和家庭期望之间的平衡，更意味着认知脑 (左脑) 和情感脑 (右脑) 发展上的平衡，意味着你能够充分发展自我，在现实的处境中最大限度地成为自己，并从自己走向他人，最终把你所感受到的爱与美好回馈给让你获得成长的社会。这个过程中也许有很多的艰辛，但是，你学会了选择——选择保留美好的情感体验，选择积极内在的生活态度，选择理解与承担，选择学习和成长，选择接受与妥协，即学会对自我的限制、对生命的限制、对自然的限制；最终，你选择把爱传下去。

和谐是一种生命状态，是外在的节奏与内在的旋律之间的同调，是我们运用感官、言语和行动能力之间的协同，是平等的人际交流，是对内在和外在的不和谐状态的屏蔽与终止，是对天然的生物节率的重返和回归，是否定之否定，是正反合。和谐重要的是过一种充分而圆满的生活。生活意味着我们存在于一定的关系之中，意味着我们与他人真实而密切的联结。唯有借着了解存在于关系中的我们自己，才可以给自身带来安宁与喜悦。智慧，并不是指表面上的适应，不是心智的培养或知识的获取，而是对生活方式的了解、对正确价值的觉知。智慧是关于爱的知识与行动方式，而不是经由教育所获得的知识结构。智慧源于对自我的放弃、对他人的倾听。为了解生活的整体过程，心智与情感应该在行动中完整一致。

如果在追求知识的过程中，我们所发展的只是智力，而忽略了人类最本质的相互联系的情感，我们将会变得越来越有所专长，却磨损了对爱的投入、对美的感受，以及对残酷事物的敏感性，这样的教育只会使我们日益肤浅，使我们的生活日渐空洞而不和谐，同时也使自己的心智越来越支离破碎。

和谐的心理状态是可以通过学习与修炼来达成的。爱因斯坦在《我的信仰》中说："我们这些总有一死的人的命运是多么奇特呀！我们每个人在这个世界上都只做一个短暂的逗留，目的何在，却无所知。尽管有时自以为对此若有所感，但是，不必深思，只要从日常生活就可以明白：人是为别人而生存的——首先是为那样一些人，他们的喜悦和健康关系着我们自己全部的幸福；然后是为许多我们所不认识的人，他们的命运通过同情的纽带同我们密切结合在一起。我每天上百次地提醒我自己：我的精神生活和物质生活都依靠着别人（包括生者和死者）的劳动，我必须尽力以同样的分量来报偿我所领受了的和至今还在领受着的东西。我强烈地向往着俭朴的生活，并且时常为发觉自己占用了同胞的过多劳动而难以忍受。"

爱因斯坦同样说过，大学教育所培养的应是和谐发展的人，"用专业知识教育人是不够的，通过专业教育，他可以成为一种有用的机器，但是不能成为一个和谐发展的人。要使学生对价值有所理解并且产生热烈的感情，那是基本的。他必须获得对美和道德上的善有鲜明的辨别力。否则，他——连同他的专业知识——就更像一只受过很好训练的狗，而不像一个和谐发展的人"。

怎样才能成为一个和谐发展的人呢？

海伦·凯勒曾在《假如给我三天光明》中这样表述：

有时我认为，如果我们像明天就会死去那样去生活，才是最好的规则。这样一种态度可以尖锐地强调生命的价值。我们每天都应该怀着友善、朝气和渴望去生活，但是，当时间在我们面前日复一日、月复一月、年复一年地不断延伸开去，这些品质常常就会丧失。……我担心，我们全部的天赋和感官都有着同样的懒惰的特征。只有聋人才珍惜听觉，只有盲人才体会重见天日的种种幸福。……我常想，如果每个人在他的初识阶段患过几天盲聋症，这将是一种幸福。黑暗会使他更珍惜视觉，哑默会教导他更喜慕声音。

在人格心理学的研究中，一个人的行为特征与人格品质可以运用心理测验或其他评量方式加以描述，可是用这些客观方法描绘出来的形象并不一定为其本人所接受。自我观念是个人主观的认定，此观念也必定作用于其人格而决定着他的行为反应。现象学心理学（phenomenological psychology）对知觉的主观性一向有深入的阐释，该学派的领导人物康姆兹曾指出："人们对于自身的知觉都透过价值。"他又说："个人所觉知的，不见得就是实际存在的，而是个人相信其存在的；个人所知觉的，是他自己从过去经验和机会中学会和知觉到的东西。"

通过对个人的成长历程与生命事件的理解和重组，我们努力去获得良好的个人形象；通过对生命哲学的学习和对不同时代、不同种族的生活历程的了解，我们尝试获取一个生命的坐标，并在这个坐标体系中寻找自身的价值和基本目标定位；通过对自己的了解和对他人的理解，我们开启内在的生活节奏。情绪是个体与环境意义事件之间关系的维持或改变（Barrett & Campos，1987）。情绪渗透在人类生活的方方面面，它使人生充满了痛苦和欢乐，使人的生命处于不断的上升与下降的体验之中，它为个体的生命活动所引发，同时又对个体的生命质量产生巨大的影响。愉快、平和、宁静的情绪状态不仅使人身心健康，而且是幸福感的源泉；紧张与焦虑或过度的大喜大悲等情绪不仅有害身体健康，程度严重的还将使人对生命的意义产生怀疑。情绪的调节远非一个技术性的问题，它最终会归因于一个人良好的心性和价值取舍。培养良好的心性和情绪，通过认知与情感的平衡来学习生活的艺术，通过心脑的协调及意识与行动能力的同步来创造未来，是大学生活的一个重要方面。

几乎所有的哲学家都同意：爱是人生价值的一种根基和表现。慈悲与爱，把自己投入对另一个生命的热爱之中，把别人的幸福当成自己的幸福，这是所有的爱的本质内涵。爱的关系的确立和长期的维护需要的不仅仅是勇气，还包含智慧。所谓的感受上的爱，似乎是我们用了很多的等待和痛苦换来的一些快乐、愉悦和一点点无常的拥有。而真正的爱是除此之外，更多的是一种宗教情怀，是一种承诺，是一种付出，是一个决定，同时也是一种自我的成长。如果友谊体现的是我们与任何他者之间的爱的关系，那么爱情则指向一个具体的目标，而婚姻则导向一个具体的生活目的。婚姻是在人生的理解、追求及对人对事的态度和行为模式意义上的志同道合的结合，是风烛残年的相依相偎，是不离不弃的意志品质，是家庭的法则和载体。爱的关系必然是我们需要用一生来解决的重大问题。

康德的墓志铭上写着：有两种东西，我们愈是时常反复地思索，它们就愈是给人的心灵灌注时时翻新、有加无减的赞叹和敬畏——头上的星空和心中的道德法则。积极的生活态度作为幸福的阶梯，时时都在揭示着一个不变的真理：真正的光明绝不是没有黑暗的时间，只是不会永远被黑暗掩蔽；真正的英雄不是没有卑下的情操，只是永远不对卑下的情操屈服。当我们把自己的问题放在宇宙之中考量，从自己的眼前放开拉远的时候，当你知道世人皆苦而不是唯独你一个人在承受痛苦的时候，你一定会重新理解苦难，减少痛苦，而你的希望也将在绝望中再生。生活中的危机与转机不过是一念之间的事情，我们所能做的，是解决可解决的问题，我们也许不能阻止一个痛苦事件的发生，但是，我们可以把这个事件对我们所造成的痛苦阻断在神经系统的某一部分，而不是让它蔓延在全部的生活之中；进而，我们可以把这样的危机转变成一次丰富的人生馈赠，成为生命的一个提醒。池田大作在《我的人学》中写道：

在人生这个征途中，最重要的既不是财产，也不是地位，而是在自己胸中像火焰一般熊熊燃起的一念，即“希望”。因为那种毫不计较个人得失，为了巨大希望而活下去的人，肯定会生出勇气，不以困难为事，也肯定会激发巨大的激情，开始闪烁出洞察现实的睿智之光。只有睿智之光与时俱增、终生怀有“希望”的人，才是具有最高信念的人，才会成为人生的胜利者。

良好的行为习惯是我们远离生理和心理疾病的一个生物学基础的保证。而所谓的行为习惯更多的是一个人的认知方式和行动毅力的结晶。

从性命双修的立场来看，心理健康不仅可以使我们远离生理疾病，而且能够使我们在生病的时候拥有更好的生命质量。

人生发展可以通过生涯规划——从现在到未来的规划，一步步去实现。事实上，我们所规划的是一个大的愿景，智慧所蕴含的适应与变动在这个过程中需要根据具体的情况来对当前的目标做出调整。所谓自我目标的实现，是指从自我走向他人的一条路径，在这条路上，我们的人生意义得以显现。

马斯洛的人格自我实现理论对此做了这样的描述："自我实现的人习惯于在生活中肩负使命以解决自身以外的问题，这些事情都要耗费大量精力。一般来说，这些工作是非个人的或无私的，是有关人类或一个民族美好的一面的，是有关某些基本的和外部的问题。这样的人习惯于生活在尽可能广阔的世界中，他们在博大而不琐碎、宇宙性而不是地方性、一个世纪而非一时的价值结构中工作。"马斯洛进一步指出，正在实现自我的视野更广的人们，"有一种奇妙的能力，带着敬畏、愉快、好奇甚至狂喜，一遍遍地精神饱满而天真地去欣赏生活中最基本的东西，而不管这些经验对别人来说已经变得如何陈旧"。

帮助每一颗心灵和谐地成长是我们的使命，也是每一个人的责任。学会减压和学会不给他人施加压力是同一个问题的两面。我们所成就的自己终归会通过这个社会反作用到每一个人的身上。塞缪尔·厄尔曼在《青春》中这样告诉我们：

青春不是生命的一个阶段，它是一种精神状态；青春也非粉面红唇和冰肌柔骨，它是刚强的意志、最优的创造力和充满活力的情感；它是使生命之泉源远流长的常青树。

青春意味着勇气压倒却步不前、冒险战胜贪图安逸这样一种优良的气质。在60岁的老者身上，这种气质的存在常胜于20岁的少年。没有人会单独因为抛弃理想而老态龙钟。

流年时光可以使皮肤起皱，而熄灭热情却叫心灵起皱。忧虑、胆怯和自疑，只会使人狭隘心胸，消沉意志。

不管你是 60 岁还是 16 岁，那种生命之心——好奇心、不泯的童心和寻找生活乐趣的欢心，人皆有之。你我心灵深处，都有一部无线电台，只要从他人和造物主那里接受美好、希望、鼓励、勇气和力量的电波永不消失，你的青春就永远燃烧。

当天线折断，当玩世不恭的冰雪和悲观厌世的寒冰覆盖了你的心灵，即使你年方二十也未老先衰；当天线久立，当它捕捉到了乐观主义的电波，纵然你百年而逝也青春永在。

愿莘莘学子都能够在大学这块丰饶的土地上，成就自己的精神教养，挚爱自己的生命，葆有自己不逝的青春。

第二章　自我觉知：良好的个人形象

获得成功更好的办法
是改变对成功的定义

每个人都看自己的前面，但我看自己的内部。对于我，只有自己是对象，我经常研究自己，检查自己，仔细探讨自己。

——蒙田

“人类是世界上最为复杂的动物”，不清楚从什么时候开始有了这样的感受，只知道这样的感受已经伴随我很久了。上大学时，老师曾对我说过这样一句话：“世界上最了解自己的人始终是自己。”这句话听起来似乎有些玄妙，因为这并不是一个在科学上容易证明的论题，却可以让我们相信自己的内心感受。然而，我们似乎也会有这样的想法：认识自己其实并不容易，需要我们用一生的时间来完成和验证。也许人类的复杂也缘于此吧！

一、自我之谜

每个人都是一个宝藏，而认识自我的过程其实就是探险和寻找宝藏的过程。在这个过程中，我们可能会遭受困难和挫折，甚至连生命也可能因此而受到威胁和伤害。然而，我们惊奇地发现，大多数人都会选择用一生的时间走完这一过程。在自我探寻的过程中，我们有不断的收获，还处处充满着惊喜，接下来，就让我们一起开始一次“自我探险之旅”吧！

二、自我画像

首先，让我们从一个练习开始。

这一练习需要使用彩色水笔（或蜡笔）和一张空白的纸（最好是一大张）。任务是画一幅迷宫或地图，其象征你看待自我的方式。请遵守以下指导语：

在某些方面，每个人都是一个迷宫，由许多不同的部分构成。你是一个迷宫，其中有一部分是你独有的。依照你现在对自己的看法，画一个各个部分都贴有最能描述你自己的标签的迷宫。各部分的数目、形状和位置都由你决定。然而，它们应当被用来尽可能详细地表征你自己。没有正确的或错误的答案。这一自我之谜是你的个人创造——只要你愿意，花多久时间来完成它都可以。思考这一创造物的另一个方式就是将它视为一幅地图。同样，关于你现在怎样看待你自己的这幅地图将包括贴有标签的各个领域。

当你建构在自己的迷宫或地图时，要意识到伴随这一任务的思维和情感。在你绘制了这幅地图之后，记录一些这一过程中伴随而生的或许会对你有所帮助的思维和情感，同时也记录下你做完这次练习后对自己的新的认识。

三、自我觉知从与自我相处开始

经常会听到这样的感慨："我的人际关系不好！""大家似乎都不喜欢我，我不知道如何与他人相处！"在这些感慨中，我们似乎可以筛选出一些共性——与人打交道是一件非常困难的事情。真的是这样吗？其实，如果我们多加留意，就会发现与他人和平友善地相处并不是一件非常困难的事情，然而，与自己和平友善地相处却显得那么困难。很多人都不知道该如何与自己友善相处，也许你会在下面的生活情景中找寻到你自己的身影：

深夜已经降临，为了准备期末考试，你已经努力了一天。你知道只要你按照计划努力下去，你就可以在考试中游刃有余。接下来，按照计划，你爬上了床，准备好好睡一觉。可是，书桌前其他舍友正在挑灯夜读，这一幕让你无法入睡，似乎此时睡觉这一再平常不过的事情已变成自责与煎熬。于是，怀揣着矛盾的心情，你爬下了床，翻开书本，一边打着瞌睡，一边缓慢地翻动着书页……

你是一个青春靓丽的女生。我相信，无论是异性还是同性，当与你擦肩而过时，都不禁会回头多望你几眼。然而，与男友的分手，却使你在诸多的原因中宁愿判断与相信这一切都是因为自己不够漂亮，于是你宁愿背负不快与悲伤，把自己变得庸俗……

同学约你周末一起打球，其实你周末有一个非常重要的计划，可是，为了与同学保持较好的人际关系，你放弃了自己的计划，之后发生的事情是：打球不能使你快乐，而且自我感觉这是在浪费时间，心里也始终因为放弃了原有的计划而耿耿于怀……

刚上大学的你内心充满了憧憬与力量，面对校园各大社团的招新，以及各部门的学生助理的招聘面试，你不假思索便随着人流忙碌于一次又一次地向他人“推销”自己，由于不曾真正思考过自己的选择与发展，所以一次又一次地被拒绝。虽然遇挫折在所难免，但内心不禁浮起了自责与自我否定的声音，低落的心情在心底暗暗流淌……

类似的生活情景不胜枚举。只有当心理困扰之谜揭开时，你才恍然大悟：原来认识自我如此不易；原来我们如此漫不经心地与自我相处；原来我正在追求的是别人期望的，而不是自己认定的生活；原来我一直

你没有被现实困住
你是被"你的想法"困住了

都在为难自己，轻视自己……我们相信，如果可以学会如何与自我和平友善地相处，那么我们的内心便会充满和谐与宁静，我们的悲伤和难过也会带来更多的力量与成长。

人的许多烦恼和困扰都与对自己的认识和态度有关，我们姑且把它称为自我觉知（self-awareness）。自我觉知在社会心理学中被定义为个体把自己当作注意的对象时的心理状态。个人形象则是在自我觉知的基础上对自我的感受与判断。巴斯（Buss）把自我觉知分为内在自我觉知（private self-awareness）和公众自我觉知（public self-awareness），前者是指个体对自己的内部特征和感受比较重视，而后者则是指个体对自己的外在方面比较在意。基于此，我们也可以把个人形象分为内在个人形象和公众个人形象。

趋利避害是人的自然倾向。可是，我们常常发现人会干一些跟自然倾向截然相反的事情。人常常会做危害自身的事情，从我们描述自身的词汇中即可证实。如果把自暴自弃、自卑、自不量力、自惭形秽、自吹自擂、自大、自得、自负、自甘堕落、自高自大、自力更生、自强不息、自取灭亡、自取其咎、自食其力、自讨苦吃、自相残杀、自寻烦恼、自以为是、自怨自艾、自知之明、自作自受等分为消极性词汇和积极性词汇两类，我们就不难发现消极性词汇竟然比积极性词汇多得多。如果承认这些词汇都是用来描述人的行为或心态的，我们似乎可以说，消极性词汇偏多的原因是人在现实生活中更容易表现出许多的消极性行为。也就是说，虽然人的所作所为的目的不在于伤害自己，但是，建设性的行为倾向是需要学习的。

人为什么做这些不利己的事呢？这个问题很难回答。不过，我们至少可以肯定的是，人之所以重复性地自我毁损，绝对不是因为头脑发昏，而是有其深刻的内在原因的，其中，主要的原因是自我出了问题。

在日常生活中，我们会尝试用各种各样的方式与周围的人进行沟通，谈话是重要方式之一，但更多的时候，我们会忽略另外一个事实：与自我对话其实是一件很有趣的事情，更是了解自我、发现自我的重要途径之一。让我们来试试下面的练习，感受一下这份乐趣。

四、给自我的一封信

在一张纸上或日记本中，写一封信给自我。如同写任何其他的信件一般，先写称谓：亲爱的自我（称谓随你高兴）。尽可能坦诚书写，可以假设写给最了解你且你最信得过的朋友。你可以在信中讨论任何事情：对自我的疑惑、想法和感受；目前自己生活中所面临的问题、危机，或想做的决定；你的打算及一些建设性的计划；任何其他的生活层面。

在写信的过程中，或许你会发现你的情绪和看法发生了变化，那么就任它呈现在信中。结束时签名，并写上你喜欢的结尾敬辞及日期。

如果你愿意，你也可以将信封上的收信人地址写成自己的地址，然后把这封信寄出去，就好像一位熟悉你的友人寄给你一封信一样，静静地体会一下等待及读到这封信时的感受。

写信给自我，可以帮助我们把焦点放在与自我的关系上，从而帮助我们把能量运用在人格的塑造上，并能辨识任何可能阻碍人格塑造的情绪或想法。

与自我相处，其实是我们每时每刻都要做的再平常不过的事情，可是对于我们而言，它却显得那么地模糊和不确定，让我们可以如此轻易地忽略它，如此经常地做着为难自我的选择与决定。很显然，在我们的心中，自己比其他任何事或人更关键。通过自我专注的观察，我们可能会高估自己的突出程度。在心理学上，我们把这种现象称为焦点效应（spotlight effect），它意味着人往往会把自己看作一切的中心，并且直觉地高估别人对我们的注意度。

吉洛维奇（Gilovich）等人演示了这种焦点效应。他们让康奈尔大学的学生试穿上巴里·马尼洛（Barry Manillow）的 T 恤，然后进入一个还有其他学生的房间，穿 T 恤的学生猜测大约一半的同学会注意到他的 T 恤，而实际上注意到 T 恤的人只有 23%。

在我们另类的服装、糟糕的发型上出现的现象，同样会发生在我们的情绪上：焦虑、愤怒、厌恶、谎言和吸引力。但是，实际注意到我们的人要比我们认为的少。我们总能敏锐地觉察到自己的情绪，于是常常出现透明度错觉（illusion of transparency）。我们假设，如果我们意识到自己很快乐，我们的面容就会清楚地表现出这种快乐并使别人注意到这点。然而事实上，我们的面容可能比自己意识到的样子还要模糊不清。

我们同样会高估自己的社交失误和公众心理疏忽（public mental slips）的明显度。例如，如果我们触发了图书馆的警铃，或者自己是宴会上唯一没有为主人准备礼物的客人，我们可能会非常苦恼（大家都以为我是一个怪人）。但是研究发现，我们所受的折磨，别人可能不太会注意到，而且还可能很快就会忘记，其实别人并没有像我们自己想象的那样注意我们。

这种焦点效应和与之相关的透明度错觉只是我们的自我感觉和社会之间相互影响的两个例子，因为它们发生在我们头脑和周围的世界之间。

在生活中，如果我们可以静心观察自我与他人，不难发现一个很奇怪的现象：对于如此关键与重要的自己，我们本应更加重视与相信自己对自己的态度、评价与判断；然而事实似乎并非如此，他人对自我的评价比自己对自我的评价显得更加有价值和意义，更能轻而易举地让自我陷入高涨或低落的情绪中。也许你曾有过这样的经历：在一次考试中，你表现得很糟，糟糕到自己无法面对这件事情，心底有个声音告诉你："我好失败，我是一个失败的人！"可是，你的内心却充满了矛盾，因为你不想就这样接受"失败者"的称号。在这种情况之下，人们往往会试图通过他人的评价来甩掉"失败者"这顶帽子。我们的试探可能是提出类似的提问："你觉得我失败吗？"抑或是："你认为我是一个失败的人吗？"有时候，这样的提问也会转化为其他的形式。比如有一天，当你发现你的一位同学与你擦肩而过，却似乎没有见到你时，你的心底可能会冒出这样的声音："一定是因为我太失败了，所以连我的同学都对我视而不见了。"

在科学的领域，我们经常使用"证伪"的方法。而在自我觉知的过程中，似乎也存在类似的现象，即人类有在环境（或他人）中不断求证消极自我评价和消极自我觉知的倾向。

五、消极自我觉知的表现

在心理学领域，关于消极自我觉知和消极自我评价的存在形式及对情绪与行为的影响早已有了非常成熟的论述与结论。不过在这里，我们想先通过一个自我练习来验证这些结论是否有效。

六、寻找消极自我觉知的痕迹

在下面的时间里，请诚实且勇敢地面对自我。

请回想自己曾经经历的一次挫折事件，它可能是考试失败，可能是情感上的失败，也可能是人际关系中的挫折，等等。现在，请用心体验当时你的感受，以及在事件中你是如何评价自我的。请把它们记录在一张纸上。

在下面的内容中，我们将揭晓这次验证的谜底。

理性情绪行为心理治疗理论（Rational Emotive Behavior Therapy，简称 REBT 理论）的创始者阿尔伯特·艾利斯（Albert Ellis）认为，当一个人对其自我的整体做出消极评价的时候，自我困扰就会发生，而这些困扰在某种程度上以存在着的强制性观念为基础。这些强制性的观念可能体现在以下四方面：①单一性的自我评价，它可能是积极的，也可能是消极的；②以偏概全的自我评价；③将一次行为的评价类推并扩大为对整个人的评价；④ 应该、必须等命令性的语言。

替换这种自我困扰的一个有效的选择是无条件自我接纳。无条件自我接纳包含八条基本原理。

第一条基本原理：人类不可能被给予一个整体的、单一的、合理性的评价。几乎每一个自我贬低的例子都涉及个体给予自己单一的评价。实际上，经常被主流的咨询者和治疗者所呼吁的自尊的概念就是基于这样的原则。低自尊涉及的是一种单一的、消极的自我评价，而高自尊涉及的是一种单一的、积极的自我评价。

REBT 理论论述道，给予一个人单一的整体性评价是不合理的，也是无法做到的，无论这个评价是积极的或是消极的。如果我们清晰地定义自我与自尊，这个意思就能够被很好地解释。首先，让我们先来看看自我。Hauck 已经提出了非常简单但很深奥的关于自我的定义。他说，自我是“关于你的非常具有想象性的事物，你是可以被评价的”。这意味着你所有的思想、情感、行为和身体都是自我的一部分，这些不同的部分，从你出生的那一刻就属于你，直到你死亡的那一刻，都不得不被包括在自我当中。现在，让我们来考虑“自尊”一词，这个词来自“评价”一词，它意味着给予自我一个评价、判断或评估。现在，问题出现了：“你能给予自我一个合理的、单一的评价、判断或评估，而它们能够包括所有的自我的复杂部分吗?”答案很显然是“不”。正如 Hauck 所指出的那样，评价自我的不同方面是可能的，但是，每一个个体都太过复杂了，以至于不可能被给予单一的、合理的、整体性的评价。换句话说，人生是一个发展的和保持改变的过程。故此，便否定了对个体给予单一的、不变的和整体判断性的做法的可能性及合理性。相反，无条件自我接纳并不涉及任何这样的评价。接受你自己就是承认你是一个复杂的、发展的、变化的过程，而这样的过程否定了被你自己或被他人给予单一评价的合理性。并且，其关键之处在于，无条件自我接纳允许人们去评价自我的不同方面。事实上，它鼓励这样的评价方式，因为这样做就允许你去关注你的消极方面，并努力去改善自己而非自我贬低。相反，如果从自尊的立场关注你的消极方面，那么你便不太可能去改变，因为你已经被给予自我的单一的、整体的、消极的评价牵制。在你打击自己的时候，你很难改善自我的任何方面。

第二条基本原理：人类的本性是易犯错误的。REBT 理论认为，如果人类具有某种共性的话，那么这个共性就是基本上人都是会犯错误的。正如 Maultsby 指出的，人类具有无法治愈的制造错误的倾向。在此还想说的是，事实上我们经常犯一些比我们所能接受的更加严重的错误，而且我们经常会犯同样的错误。为什么会这样？Hauck 认为，我们会重复犯错误，并不是因为我们愚蠢、无知，可能的一个原因是我们在心理上受到困扰。Ellis 指出，人类发现使自己困扰是很容易的事情，而排除困扰就是很难的事情。自我接纳则意味着承认我们易犯错误的本质，以及我们并不是完美的。

第三条基本原理：在人性上，所有人都是平等的，但是，在他们的不同方面是不均等的。如果人性的本质是易犯错误的，那么所有人类在他们的人性上是相同的，而且，既然人类个体不能被给予单一评价，那么没有任何人比其他人更加有价值。

第四条基本原理：对人性价值观念的理性应用。从上面所讨论的原理来看，你将会发现人性价值的概念是很难理解的，因为它依据于一个单一的整体性的对自我过程的评价，而自我的过程有悖于这样的简单评价。然而，很多来访者都试图去强化人性价值的观点，即使这个观点本身就存在着内在的问题。关于人性价值这一概念的主要问题在于，人们通常会根据一些偶然发生的变量来定义自己的价值（例如，“如果我在考试中取得好的成绩，我就是有价值的”，这暗示如果“我”不能取得好的考试成绩，“我”就是没有价值的人）。即使个体在任何时刻都能有出色的表现，但是，如果这些条件一旦不具备，将很容易陷入情绪的困扰之中。个体能够以理性的方式应用人性价值概念的唯一方法，就是一分为二地看待自己的价值。

第五条基本原理：无条件自我接纳避免一概而论的错误。当人们应用有条件自尊的概念时，他们通常犯了以偏概全的错误。在这样的错误中，个体认为自己在一个目标中没有成功，然后就会消极地评价这次失败，于是便得出自己是一个失败者的结论。换句话说，一个人会根据他部分的评价来定义整体自我。将无条件自我接纳的概念应用于这个例子中，个体依然在他的目标中失败，他依然消极地评价这次失败，然而，他对失败的总结只证明他是一个易犯错误的人，这个结论是非常合理的。

第六条基本原理：无条件自我接纳基于变通的、发展的哲理。自我贬低的信念来自僵硬的、强制性的信念，而无条件自我接纳的信念来自灵活的、发展的信念。例如，如果你以社会性的不适应的方式表现，你便相信你是不适应的，那么这个自我贬低的信念便来自以下僵化的想法：“我绝对不能在社会情境中表现得不合适。”而自我接纳的信念意味着你接纳自己是一个易犯错的个体。这个想法便来自这样一种灵活性的观点：“我不愿意表现得不适应，但是，没有理由证明凡事都一定需要表现得适应良好。”

第七条基本原理：自我接纳强化了建设性的行为，而非回避。如果我们能接纳自己是易犯错误的个体，那么，与我们贬低自己相比，我们更加有机会减少错误和心理困扰。这样的接纳，绝不意味着放弃，就像很多人认为的那样，它促使我们积极、努力地在错误中吸取经验教训，而且减少我们困扰自己的倾向。自我接纳之所以能做到这点，是因为我们之前所谈到的，它是基于灵活的哲学观念，这个哲理就是尽可能获得快乐。这个观念促使我们采取积极的行动。相反，回避就是基于下面的想法，即对于改善，因为自己无法做到，所以没有尝试的必要。这恰好是自我接纳的对立面。

第八条基本原理：无条件自我接纳是一种可以获得的习惯。行为治疗专家认为，自我欺骗的行为是坏的习惯，并且可以被打破，而且很多来访者对此也有同感。如果你想让无条件自我接纳成为你的习惯，你是可以做到的，但是你需要面对两个警告：不要追求完美，也不要追求总是可以实现。

七、自我的形成

罗曼·罗兰在回忆录中写道：“四十年后你再翻一翻自己青年时代

的内心‘日记’，你常常会感到惊奇，你在那里发现了另外一个人，他的存在几乎已被你忘却。他似乎完全是一个陌生人。”原来，自我也是可以长大的，它像我们的年龄一样，会伴随我们一同走过岁月长河。这是一个连续的过程，是一个传承的过程，是一个发展的过程。那么，在这个过程中，自我是如何连续、传承与发展的呢？

心理学家米德认为，自我的形成与发展可以分为三个阶段。第一阶段为准备阶段，主要指初生的婴儿，他们还需要掌握语言符号，才能进入第二阶段。第二阶段为模仿阶段，在这个阶段，他们通过观察和语言符号的中介足以开始模仿别人，如父母、老师、同伴等，并在模仿中学会从别人的角度看待自己。第三阶段为社会角色扮演阶段，个体已经能够综合许多人的看法来看待自己，知道怎样做才符合社会的期望。可以看出，自我的产生与发展离不开与我们有着亲密联系的他人和群体。因此，我们首先是从自我与他人的关系来看自我是怎样形成的。

别人是反映自己的一面镜子。通过了解幼年时父母对自己的关注与疼爱，进入学校后老师的表扬和批评以及与同伴的游戏和争斗，进入社会后各种人对自己的反馈和评价，个体在与他人交往的过程中逐渐丰富了对自己的认识。基于这些与他人互动的认识，个体也发展出自己应对各种人际情境的能力。这些能力无论好与坏，都是个体自己能够想到的应对当时情境的解决方案。如果个体遭遇同伴的排挤，可能会觉得自己不够好，并学会了迎合别人获得融入同伴的机会；如果在大学阶段仍然采用同样的策略，则不见得能获得满意的人际关系，而需要大胆地尝试新的策略，例如，有原则性地满足他人的需求，才有机会形成新的自我觉知。

自我觉知的形成过程其实是一个非常复杂的历程，它可能涉及家庭、朋友及其他重要的人；或者是环境，比如社会、学校等；又或者仅仅是我们的内心感受；等等。我们可以简单化地将如此复杂的历程描述为自我觉知形成于过去。过去可以带给我们积极的自我觉知，也可以带给我们更多的消极的自我觉知。面对带给我们消极的自我觉知的生活事件，我们可以怎么做呢？

八、治疗童年的羞辱

采取一个舒服、放松的坐姿，闭上双眼，花数分钟仅仅体验自己的呼吸，借由呼吸把注意力集中于内心深处，暂时丢掉外在的一切思虑。

准备好了之后，回想你曾感受过的不当羞辱，或许它曾经窄化、局限了你。让自己重新体验这些感受。

现在回到你早期的童年时光，在你记忆中初次体验此种感受时，即使你已经不记得特定的情境，但也可借由想象把你带回当时的情境中。

相信在此画面中出现的任何景象，或是一个地方，或是孩童时的你，看看还有谁在那里，特别是看看有无任何大人，感受他们与你的关系如何。

现在由外观察这幕景象，以你目前成年人的角度看年幼时的你，留意说了什么话，发生了何事，而这个孩子又是如何回答的，注意孩子的感受。

现在你对当年的那个孩子说话，让他知道你在旁边，你关心他。并让孩子告诉你他的感受，他真正需要什么。

现在假想你是一个能从中心点出发的成人涉入这个画面，并影响孩子的行为，你会对孩子说什么，你又会对其他在场的人说些什么，同时教导这些在场的人如何在不羞辱孩子的情况下，逐一告知孩子他们的需要与担心。

如果在这幕情景中的其他人愿意尝试新方法，用你建议的方式重新演出这幕场景，看看它的功效如何，孩子的反应又如何。

为了更能满足每一个人的需求，如果你想在互动过程中做更多的改变，那就去做吧！依情况的需要，无论你重演这幕戏多少次皆可。

当你已经知道该如何做时，花些时间陪陪这个孩子，看看他目前对自己的感觉如何。

变成这个孩子并从内心深处体会他的经验，想象带着这份自尊的感觉长大。

现在回想你在本练习开始时所回忆的羞辱经验，从中选出一个，以一个从中心点出发的观察者角度，传送给在当时情境中的你一份强大的力量，用来取代任何你至今仍感受到的不当羞辱。接着变为当时情境中的你，假想自己收到这份力量，并真正地把它内化。

写下你对此练习的体验，你可通过回想练习的指导说明，从而回忆起每一步骤的心得。

九、找回自在的自己

这个练习有机会帮助你找回你的自我感觉。

试想你在学习上遇到了困难，原因是上课时没有跟上老师的思路，导致后面的内容学起来非常吃力，你很想请老师再给你讲一下那个令你困惑的知识点，然而你环顾周围的同学，他们仿佛都已经听懂了，而且很自如地与老师互动，你暗自思忖此时请老师解答是否妥当，同学会怎么看待自己，自己问的问题会不会过于简单幼稚，有可能会被老师和同学嘲笑，抑或成为大家茶余饭后的谈资。不过，你还是鼓足勇气在课后请教了老师，但你并没有全身心地沉浸在问题的解答中，反而不断地检讨自己的表现是不是足够好，有没有给老师造成麻烦，表面上似是而非地回应着老师，其实你的内心很紧张、很焦虑。

在这个示例中，你的大脑用了很少的资源来应对问题的解决，大部分的资源消耗在自我关注和内心的冲突之中。然而非常可喜的是你发展了一项很重要的能力，就是能够观察、监控和感受自己内心的能力，不过，这项能力被你的焦虑感和紧张感包围，伴随着不太积极的评价成了你自我认识的一部分，变成了一种自动反应，因而很难被剥离开来。

面对这种自动反应和不太听话的大脑，这个时候需要用到你观察自己的能力，并找机会在意识到的时候重新决定是否被这种状态牵着鼻子走。在这个时候，你要做的练习就是作为旁观者，而且不带有任何评价地观察，观察自己的大脑中出现的任何念头和情绪，包括身体的感受，你能够意识到它就在那里。这些杂乱无章的、跳跃的念头、情绪、感受就在那里自由自在地流淌，你没有对它做任何干涉，你没有试着去抓住它，你也没有被它带跑。为了能够在尝试这个练习的时候不至于吓到周围的人，建议你找一个安全的、不被打扰的空间来进行。

如果你第一次尝试这个练习，你会感觉不太容易做到，不必灰心，哪怕是被念头带到了很远的时间和地方，也不必责怪自己（就像一个仁慈的长者能够允许一个小孩子的顽皮和胡闹一样），只需要在意识到的时候温柔地让自己回到当下，然后重新让它自然流淌。如果可以做到这些，你会感受到一种自在的状态，而这种自在状态会带给你解决问题的灵感和智慧，会给你惊喜。

你也可以用一些“小伎俩”：想想你现在还有什么，可能你平时不太留意，你有“呼吸”，它一直陪着你，默默支持你，可你却不曾把它放在心上。现在试着把注意力放到自己的呼吸上，发现它，观察它。如果你杂念纷飞，如脱缰野马，那就试着数一下自己的呼吸上，直到你不再需要这样做。继续观察，直到你并不需要这些观察时，你也感到很自在。

你生来就是自在的，你发现自己终于在这个时候回来了。

第三章　学习改变一生：人生发展的基本动力

知道自己知道什么
是知识
知道自己不知道什么
是智慧

凡事都要脚踏实地去做，不驰于空想，不骛于虚声，而惟以求真的态度做踏实的功夫。以此态度求学，则真理可明；以此态度做事，则功业可就。

——李大钊

人生有很多功课，学会真诚，学会快乐，学会舍弃，学会屈服，学会坚持和坚强。而其中，学会去爱是最基本的。爱生命，爱智慧，爱众生，发现他人的良善。如果我们拥有一颗安定的心灵，有自己的精神家园时，所有的知识就能够帮助我们贴近快乐和幸福。

在人的一生中，学习是随着生命的进程而不断变化的。学习的心理学含义是：个体的内在和外在的一种改变，这些改变对个体的生命、他人、社会，乃至于全人类的存在和发展都会产生影响。

学习最终的目的，在于探寻我们每个人来到这世间的意义、价值和使命。当我们有所担当，生命就如朝阳绽放。

每个人都抱着不同的目的来到大学：有些人是为了国家民族的强大，有些人是为了父母亲人的期望，有些人是为了将来找一份自己喜欢的工作，有些人是为了遇到一个可爱的人儿，更多的人觉得这就是高中毕业之后的必然。不管出于什么样的动机，当我们抽离了高考前的简单的生活方式，当我们可以有更多的时间和空间来安排自己的生活的时候，我们都应该意识到大学是一个“全新”的训练场所，在步入大学生活后，我们需要开启崭新的内在的生活节奏。而乐于学习就是积极向上的生活态度，也是能够带来愉悦体验的良好的生活方式。孔子云：“知之者不如好之者，好之者不如乐之者。”（《论语·雍也》）

一、不要在已成的学业中逗留

一直以来，大学校园都被称为“象牙塔”，纯洁典雅、高贵神圣，是独立于喧嚣尘世的一方净土，是实现人生目标的加油站。从高中步入大学，我们实现了人生中的第一次跨越，在全新的生活面前，很容易生出停滞感。然而，大学与外部世界不是完全隔离的，我们并不能得到全方位的、无微不至的照顾，我们的学习和生活都与社会发生着千丝万缕的联系，学业还得依靠我们自己去悉心经营。

二、不适应是正常的

开学后，经过高强度的军训，同学们终于可以回到舒适的教室，开始常规的学习生活。几周的学习过后，很多同学都有这样的感受，就是从小学到高中，自己一直都是学校的尖子生，现在上了大学反而不会学习了。于是，一连串的问题使得新生们很郁闷："厚厚的一摞教材，比高中三年的课本加起来还要多，而且要在一个学期内学完；老师的讲课也没有做重点和非重点的说明，很多讲课的内容从课本上都找不到，这些内容要不要考试呢？""有老师讲还是好的呢，有时候老师让我们自己想，自己讲；还有一些讨论课，自己什么都不懂，却要硬着头皮上；这也罢了，更郁闷的是，课堂的讨论常常找不到标准答案！各家各派众说纷纭，莫衷一是，到底听谁的才是正确的呢？""一门课一周内只上一两次课，到下周上课的时候几乎把上次课讲的内容忘得差不多了。"

焦虑的共同特征：
学不进去，玩不痛快
睡不踏实，浑身不对劲
吃得还特别多

当问题集中涌现时，有的同学不免开始怀疑自己的能力。其实，对于刚从应试教育的教学模式跨越出来的新生来说，立刻投入大学的学习模式，感到不适应是正常的现象，几乎每个新生或多或少都有类似的感触，因而不必过于焦虑。因为大学阶段的学习与高中阶段的学习相比，无论在学习内容、学习方法还是学习目标、学习任务方面，都存在着较大的差异，有些差异几乎是对立的。所以，大家突然面对这样的转变有些矛盾和抵触，是必然的。但是，要完成大学学业，必须适应大学教育的需要。经过一段时间的适应，大部分同学都能完成由中学学习方式到大学学习方式的过渡，并充分享受新的学习方式带来的收获。当然，这种过渡并不是自然而然、自动完成的，它需要同学们积极面对，主动调整。

大学里成功的学习可以成为我们未来事业的基石，是我们未来人生发展的动力。然而，如果我们经营不善，所带来的可能不仅仅是成绩单上的不良记录，其本身和因之引起的其他负面影响极有可能会终止我们已经编织的梦想。

三、不适应的常见表现

大学的学习并不仅仅是比高中的课程更难、题目更多，而是彻底的学习的革命。大学教育的价值在于用浓郁的学术氛围熏陶人，用科学的真理教育人，用广博的知识影响人，以培养人的全面发展的能力。不仅使学生能适应社会，而且要求学生将来能够为改造社会、创造新社会而奋斗。

当然，对于还没有搞懂“大学是什么”的新生来说，难免会出现诸多不适应。那么我们先来了解一下，大学新生中常见的几种现象。

现象一：起早贪黑式、封闭强化式学习的时代终于结束了。听别人说，大学里没有早晚自习，老师也不会动辄叫家长，而且，大学里实行的是素质教育，对分数看得不是特别重要，考试也不像中学那样，锱铢必较，只要考前突击一下，及格就万岁啦！毕业后，面对紧张的工作压力，很少有时间放松身心，所以趁着大学期间要好好玩玩，不然枉此一生啊！

现象二：在高中时，我就是凭着扎实的基本功——两个“凡是”（凡是老师讲过的我都会，凡是课本上写的我都背）的原则准确掌握考试内容，顺利通过高考的。进入大学，我仍然要保持不骄不躁的作风，严格要求自己，课堂上尽力把老师讲的每一句话都记下来，课后也很认真地复习，只要是课本上有的，我都尽量达到背诵的程度，这样才能做到滴水不漏。然而一周下来，问题出现了，我付出的时间、精力比高中更多了，可是还有太多的知识看不完，一天的课程的知识容量比高中时一个星期的容量都大，尽管我起早贪黑，还是难以应付。

现象三：在初中、高中阶段，我每次考试都是名列前茅，大大小小的测验、月考是我最喜欢的。每次发卷子的时候是我最开心的时候，看到辛勤付出的血汗化为高高的分数，总觉得付出再多都是值得的。可是，上了大学，考试变少了，由考试带来的喜悦也大大减少了，学习变得越来越没有兴趣，渐渐地，我就不喜欢学习了。

现象四：我本来是个爱好广泛的学生，对天文地理、历史人文等都有浓厚的兴趣，也希望自己能多学习一些综合知识，提高自己的整体素质。但是，中学阶段残酷的应试教育让我无暇兼顾自己喜欢的文学作品，更不用说那些与高考没有多少关系的社会人文科学。现在，终于有时间可以自由支配了，却发现好不容易从图书馆扛来的一大堆“宝贝”当了书桌上的摆设，这个也想看，那个也想学，结果是“东一棒槌，西一榔头”，到头来什么也没有学到，而且天天面对这高高的书墙，反而弄得自己有窒息的焦虑。

现象五：我越来越不喜欢我现在读的这个专业，本来就不是我自己选的，而是当初高考报志愿的时候，爸爸妈妈要我报这个专业的，理由是将来容易就业。其实我对这个专业根本就不了解，更谈不上热爱了。另外，部分同学虽然就读的是自己选择的专业，可是经过一段时间的学习后，发现实际情况跟自己的想象大相径庭。本来报考中文专业，就是立志将来做个出口成章的文学家，或是口若悬河的新闻记者，可是现在开设的课程不是教授如何写作，而是整天咿咿呀呀地学什么发声！我的理想都开始动摇了。

…………

看到这里，你是否在这些现象中发现了自己的影子？如果没有就最好了，即使有几分相似，也不要太担心，毕竟你已经发现了问题，接下来就努力改进吧！上述几种现象是大学新生刚开始专业学习时常有的几种心态和体会。这些问题如果不及时调整，可能会影响学习的兴趣和探索发现的积极性，以致影响大学学业，错过人生重要的发展阶段。

四、推开前面那扇门：重新学习

"重新学习"是在新的环境、新要求下，调整状态再出发。一个新的环境总能带来新的冲击，也不免要思考一些问题："我们想成为什么样的人？渴望过什么样的人生？"也许认真思考这些问题，会减少一些选择过程中的迷茫。我们可以根据大学学习的特点调整以前固定下来的学习方式，更好地适应大学学习的需要。具体说来，同学们要做到重新激发学习动机，寻找学习动力，完善学习方法，学会探究，学会管理时间，学会自我监控，学会利用资源。

这是一位著名作家的亲身经历：几年前，她的丈夫因工作需要，调到一座寒冷的北方城市。而她是在四季如春的南方大都市长大的，那里有她的父母和朋友，还有一份舒适、收入丰厚的工作。随丈夫到了新的地方后，她不仅不适应北方的生活习惯，而且一直没有找到合适的接收单位。为了排遣郁闷，她开始学习写作，并结交了很多文友。在和新朋友交往的过程中，她开始显露出自己连做梦都没有想到的创作才华。她的作品深受读者的喜爱，很快在当地的作家圈崭露头角，初到异地所产生的陌生感也在不知不觉间烟消云散了。后来，家乡的一位朋友来看望她，对她的变化感到十分惊讶，问她是怎样这么快适应环境的。她反问朋友："假如你身后有一扇门，代表你的过去；你的前面也有一扇门，代表你的未来。你很怀念和习惯过去的生活，但身后的那扇门永远也推不开了，这时候你该怎么办？"她的朋友毫不犹豫地回答："那就想办法推开前面那扇门啊。”她笑笑说：“我现在不是已经把前面的那扇门推开了吗?”

其实，任何人都不可能停留在过去的时光里，只有义无反顾地推开前面的那扇门，才能发现真正属于自己的新天地。

五、激发学习动机

优秀的大学生应该对自己的学习高度负责，通过不断审视和分析自己的学习条件与学习环境，来调整自己的学习目标，并真正地认识到要对自己的学习负责。学习需要付出更大的努力，而不是依靠外部的压力，对自己学业的成败做暂时性的、可控制的归因。实践证明，成就目标是影响学习学业成就的重要因素。根据成就目标理论，具有学习目标的学生在学习过程中有着更为完善的动机模式，即焦虑水平适中，成败归因正确，愿意接受挑战性的任务，对学习中的困难勇于克服。大学是一片全新的天地，在刚刚步入大学生活时，我们需要重新激发自己的学习动机，开启崭新的内在的生活节奏。满怀梦想，充满自信，应当成为每一位大学新生的精神风貌。

六、授之以渔而非授之以鱼

“小学的时候，老师扶着我们走；中学的时候，老师拉着我们走；大学的时候，老师指引我们走”，这或许是对不同教育阶段特点的形象概括。的确，与中学相比，大学自身的主客观条件决定了大学的学习有其特殊的规律和特征。就教育阶段而言，中学和大学人才培养的目标迥异：中学阶段旨在让学生掌握普通的基础知识，属于普及性教育，培养具有中等文化程度的劳动者；而大学教育的目的是培养和塑造适应各行各业所需要的高素质专门人才，属于高层次专业教育阶段，所接受的教育将是系统的专业理论教育和专业技术训练。由于培养目标和培养层次的不同，大学教学内容的深度和广度也远胜于中学，不再拘泥于中学教育的“以本为本，以纲为纲”，摆脱了中学教育“应试思路”的影响，大学老师在传道、授业、解惑的基础上，也更加注重学习方法的传授，旨在培养学生学习的能力。从这个角度讲，知识本身也是一种教学的工具，是培养能力的一个载体。因此，大学里获取知识的途径也因遵循人才成长和素质教育的规律而变得丰富多彩。社会实践、生产实习、社会工作、图书馆、实验室、网络、选修课等，为我们培养学习能力提供了广阔的用武之地。

从“要我学习”到“我要学习”，从“授之以鱼”到“授之以渔”，我们需要转换的不仅是角色，还有心态；我们需要认识的不仅是环境，还有规律。因为学习是动态的，动态是有规律的，规律是可以把握的，唯有正确地掌握规律，而不是盲目地因循过去，我们才有可能成功驾驭大学的学习。

七、完善自己的学习方法

大学的学习是培养学生独立学习知识、掌握专业理论、从事科学发现的实践活动；是以专业理论和基本技能方法的掌握为主要任务，围绕具体专业而展开的学习过程；是学生将高度抽象的专业理论知识运用于具体实践，以发展应用技能与改造世界能力的环节。因此，对更新学习观念、完善学习方法、确立全新的学习思维，即学会学习提出了更高的要求。宏观层面，我们要建立自主学习的理念，把学习行为内化为一种自觉行为；要把握学习“突变”的规律，注意日常的点滴积累；要合理利用现代学习手段，注意立体式的学习；要把握学习的有效时段，注意在阶段性的成就感中巩固学习的兴趣；要强化获取知识的选择性，对纷繁芜杂的知识和信息进行慎重的鉴别和选择。当然，在全民构建学习型社会的今天，我们更需要树立终身学习的观念。

针对不同个体的不同特点，确实也有很多有效的学习经验总结，“迁移学习法”“五步学习法”“团队学习法”“网络学习法”都是已被证明为有效的学习方法。归结起来，这些学习方法都离不开长远目标的制定和近期目标的确定，离不开文理结合的相互渗透，离不开对体育运动的重视，离不开对学习兴趣的培养，离不开前期预习、课堂听课、课后复习，离不开理论与实践的结合。当然，关于学习方法的总结，仁者见仁，智者见智，究竟是否适合自己，一则可以在别人积累的方法的基础上提炼总结，二则可在入学之后与优秀的学长多进行深入的交流。给自己一双愿意发现的眼睛，经过探索，我们总会找出适合自己的学习方法。

八、学会管理自己的时间

法国思想家伏尔泰曾在哲理小说《查第格》中提过一个谜：“世界上哪样东西是最长的又是最短的，最快的又是最慢的，最能分割的又是最广大的，最不受重视的又是最受惋惜的，没有它，什么事情也做不成，它使一切渺小的东西归于消灭，使一切伟大的东西生命不绝。”它的谜底就是时间。

可能我们对中学高强度的备考训练还心有余悸，可能我们对有的老师“熬过中学的紧张，享受大学的轻松”的教诲还记忆犹新。今天，跨进大学校园的我们，真的该“歇歇脚”了吗？的确，因为对自主学习的要求提高了，所以大学的课堂学习显得轻松闲适，课程安排宽松，老师几乎不点名或很少点名，去不去教室全在于自己；老师不会逼你交作业，有的课程甚至没有作业；据说考试也很简单，甚至是开卷考试……放眼望去，很多同学似乎都闲得无所适从，如此四年，如何打理？

人生有两段路要走
一段是必须走的路
一段是想走的路
必须走的路先走好
才有机会走想走的路

你的事情你做主，你的时间你分配。时间如何支配，你是自己的老板。然而，时间是最为公正的，给予任何人的每一天都是24小时。可是，处于相同的学习环境、利用相同的时间的大学生，成绩和成就却是参差不齐、大小各异的。生活分析的心理咨询法(life analytic counseling，简称LAC法)

是日本东京福祉大学的松原达哉教授开发的，旨在帮助缺乏学习动力、热情活力与意义感的大中学生更加积极、有目标规划地生活下去。作为支持我们更好地适应大学生活的方法之一，LAC 法对帮助我们找回学习动力、提升个人意志力或许会有所帮助。时间的“量”是不变的，时间的“质”却不同，成绩和成就的差异就在于我们对时间的利用和支配。

爱因斯坦说：“人才的差异就在于业余时间。”对于在大学里学习的大学生而言，课程表规定的课堂教学时间以外的所有时间都应该属于业余时间的范畴。一个星期 168 小时，而大学课堂的教学时间通常是少于 30 小时的，如此丰富的业余时间资源完全在于个人的支配，我们是要珍惜如黄金，还是挥霍如敝屣呢？

根据专业发展的沿革和培养目标的需要，学校会开设丰富多彩的课程。目前，大学大多实施学分制，一般来说，学生在四年的学习生活中需要获得的学分大概为 160 分，共 40 余门课程。以中山大学为例，根据“通识教育、大类教学、复合创新”的本科人才培养理念，本科生课程包含了三大课程板块：①公共必修课板块，其中，全校性必修课程包括思想政治理论课、大学英语、体育、军事教育课、形势与政策、就业指导、公益劳动；专业限定性必修课程包括高等数学、大学计算机基础、大学语文等。②公共选修课板块，包括核心通识课程与一般通识课程。③专业课程板块，包括专业必修课和专业选修课。同时，学校还强调实践教学的重要性。文理科四年制的总学分约 155 学分，2500～2700 学时；医科的总学分和学时相对要更多一些。40 余门课程不完全是专业课的范畴，还涵盖军事、体育、文学、心理、保健、音乐、艺术、政治、外语、计算机等在内的一些公共课程。而且针对每一门课程的学习，任课老师都会指定一定数量的相关参考书目，以巩固和强化课程的学习。课程的安排一般设有保证专业素养和基本素质培养的必修课，同时也开设大量旨在扩大知识面的各种类型的选修课。在学习时段的安排上，学校的教学安排是大学一年级和二年级主要进行公共课程的学习，三年级及四年级上学期进行专业课的学习，四年级下学期进行毕业设计。学习的形式不仅仅是课堂教学，还包括一定学时的实习、实验、社会实践、社会调查等课堂之外的学习，而且这些课堂之外的学习同样可以完成相应学分的积累。除此以外，学校还会经常举办知名学者讲座、学术沙龙等，这些都可以作为学习形式的有益补充。考试作为检验学生学习效果和考察老师教学效果的一种手段，在大学的学习过程中是一个重要的环节。虽然大家不愿意面对，可确实不容回避。但是，大学里的考核不仅仅是对知识的考核，不单考察大家对书本知识的记忆，而更侧重于对知识的总体联系和动态运用（即对学习能力）的考核。考试的形式也逐渐在多样化中趋于完善，笔试（开卷、闭卷)、口试、论文、答辩等形式有机结合，并合理地穿插在整个大学学习过程中。很多课程最终成绩的确定也不以期终一张试卷“定终身”，而是与平时的作业、考勤、期中考试的成绩相结合，成为一种合理的结构性计分。

大学的学习世界是浩瀚、广阔、精彩的。这里的一切能否为你所有，为你所用，这里的精彩能否成就你淘金之旅的收获，取决于你的决心和方法，更取决于你对时间的管理与把握。

九、培养自我监控的学习能力

在中小学时，学习在很大程度上是他控的，依靠老师和家长的监督。到了大学，要尽快学会自我监控、自我调节和自我管理。一直以来，自我控制的学习都受到心理学家的瞩目，自我监控不仅能提高学生的学习成绩和学习效率，还能控制学习过程，提高学生的自我效能感。研究表明，自我控制的学习环节包括以下四个步骤（见图 1）。

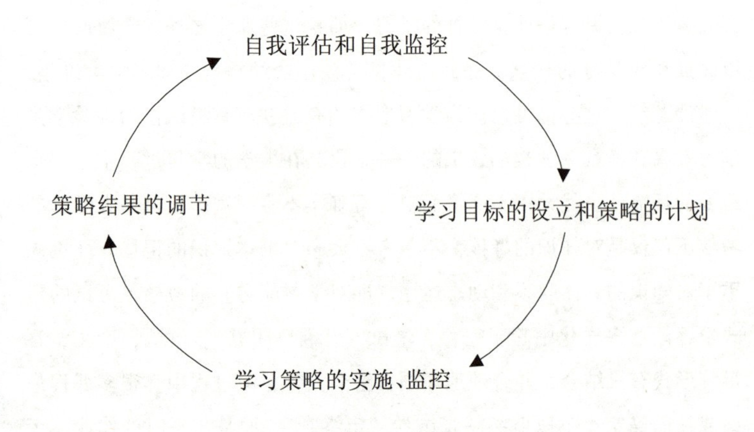

图 1　自我控制的学习环节

第一步：评价自己当前在某一科、某一学习任务的学习水平，通过对前段时间的学习表现、作业、考试成绩及其他学习成果的观察和记录来认识自己的学习水平。比如，通常学生没有意识到他们浪费了多少时间，直到他们有了详细的日程记录，这种状况才有了好转。因此，自我测试或老师、同学的反馈有助于他们的自我评价。

第二步：分析学习任务，设立学习目标，计划并修订学习策略。当学生刚开始学习一个不熟悉的新内容时，他们很难做到这些要求。这时，教师可以教学生如何分析学习任务，设立有效目标，并选择学习策略。

第三步：要完成策略的选择。这依赖于以前使用的策略，来自老师、同学的反馈和自我监控。在学习过程中，实施这些策略，并进行监控、调节有效性。

第四步：拓展学生的监控能力，将学习成果和学习策略联系在一起，从而看出策略的有效性。学习策略的有效性取决于学习任务、情景和个人因素。而这些都是有变化的，适用于多项选择题的学习策略在填空题或其他题型中时可能不适用。因此，自我调控的学习机制必须不断根据学习效果及时调整学习策略。在学习活动前，做好计划性和准备性的自我监控；在学习活动中，做好意识性、方法性和执行性的自我监控；在学习活动后，做好反馈性、补救性和总结性的自我监控，并且能够不断练习和实践，做到保持与迁移。

十、德智体美劳，缺啥都不行

学什么才能不枉费青春岁月？

春秋战国时期，读书人必须学习六种技艺，即礼乐射御书数，分别为学习礼法、乐舞、射箭、驾车、书法和算术。其中，射箭、驾车（御战车、驾车）为军事技能。随着社会的不断发展，文化科技的门类越来越多。

对于当代年轻人的要求，就是要成为德、智、体、美、劳全面发展的人才。

中华民族是个注重品德修养的民族。早在两千多年前，《礼记·大学》就要求知识分子要具备修身、齐家、治国、平天下的本领，良好的品德是做人的首要要求。青年人要树立正确的价值观，着眼于世界人民命运共同体，做有益于中华民族伟大复兴的事。

知识技能的学习是最容易接触到的，也是大家花费时间最多的了。不再赘言。

在此，特别需要指出的是体育，它是各项活动的身体基础，却常常被忽视。毛主席 1917 年在《体育之研究》中指出："近人有言曰：文明其精神，野蛮其体魄。此言是也。欲文明其精神，先自野蛮其体魄；苟野蛮其体魄矣，则文明之精神随之。"可见，身体素质好了，精神、心理也会随之健康。所以同学们，不要再编各种理由逃避体育课和体育锻炼了，科学、持续的体育锻炼，你值得拥有。

都说爱美之心人皆有之，既然这是人的本性，是追求美好生活的朴素理想，不如我们就好好学习美育，用心感受生活中的美：抬头的云卷云舒、远处的绿树成荫、枝头雀跃婉转的鸟儿、伏案读书的学子……每一瞬间都是美的。人生不如意十之八九，倘若我们有发现美的眼，感受美的心，创造美的能力，那些不如意自然也就淡化了，这也是需要学习的情绪调节之道。

悄悄问一句："同学，你会做饭吗？好吧，难度降低，煮鸡蛋、下面条也算。你给爸妈做过一顿饭吗？"民以食为天，我们的劳动教育就从做饭开始吧！番茄炒蛋很简单的，当经过锅碗瓢盆叮咚乱响，手忙脚乱，到香气四溢的菜品出锅的那一刻，笔者保证，美食与成就感并存的感觉非常美妙。真的，劳动之后，你会发现，劳动过程并不痛苦，反而身心更有成就感。不信？试试！

十一、学会利用资源

大学的时间是有限的，因此，直接从课堂接受的知识也极为有限。要想学有所成，就要善于利用现有的各种学习条件，包括藏书丰富的图书馆，博学的专家教授，校园浓郁的学习氛围，各种实验器材，还有朝气蓬勃的同学、师兄师姐们。各门学科的专家教授有着丰富的专业知识，更了解各门学科的发展动态及发展前景，与他们交流不仅可以丰富自己的理论素养，还可以为自己将来继续深造打基础。同辈的师兄师姐，年龄是与自己相仿，但学业经历却要丰富一些，可以借鉴他们的经验教训。还有积极参加各种活动，可以接触到校外的人士，感受他们的生活状态，这些都是自我完善的途径。

在此，特别需要指出的是网络资源。由于互联网的兴起，我们的日常生活进入一个信息大爆炸时代。这是一把双刃剑，既有可能给我们带来巨大的便利，而我们也有可能会被海量的碎片化信息淹没。

明确自己的学习需求，除找对平台资源外，还有很重要的一点，就是自律，即要保持专注，不受其他网络信息的干扰。以下几个学习平台，仅供参考。

（一）中国大学 MOOC

中国大学 MOOC (慕课) 国家精品课程在线学习平台，网址：https://www.icourse163.org/。

这是一个偏向以高校教程为主的学习网站，课程的涉及面比较广，而且课程视频多由“985”“211”学校老师录制，大部分学习课程都是免费的，适用于学习大学阶段的课程。

（二）腾讯课堂

腾讯课堂,专业的在线教育平台 (ke.qq.com)，网址：https://www.vizyw.com/weiai/69543.html。

（三）网易云课堂

网易云课堂，网址：https://study.163.com/。

其实，在互联网时代下，学习的资源很多，需要根据个人的需求去选择学习平台。此外，也可以选择“抖音”“哔哩哔哩”等短视频平台去对接你的碎片化时间。

十二、成为自我激励的终身学习者

学习是精神生活的重要组成部分，也是人生永恒的主题。一个人能力素质的高低，最终取决于能否锲而不舍地坚持学习。荀子认为，学习永无止境，只有生命完结了，学习才能停止。近代著名教育家陶行知先生一贯主张“活到老，干到老，学到老，用到老”。

十三、学习是一生都要面对的课题

联合国教科文组织在《终身教育的展望》一文中指出，“学习和工作应该是人从生到死连续不断的过程”；后来又在《学会生存》一书中指出，“学习是一生都要面对的课题”“生活与学习合而为一”。也就是说，学习就是生活，生活就是学习，是相伴始终的一个过程。1994 年，在意大利罗马举行的首届世界终身学习会议又进一步强调“如果没有终身学习的意识和能力，就难以在 21 世纪生存”，“终身学习是 21 世纪的生存概念”。终身学习的理念已经成为一个民族、一个国家可持续发展的战略理念，学习能力成为社会、单位和个人的核心能力。

“终身教育”作为现代教育的理念是相对于以往的“学历教育”而言的。从纵向讲，它包括一个人从生到死的各个年龄、各个阶段的教育，强调的是不间断的发展，即持续性；从横向讲，它包括教育的各个方面、各项内容，强调的是相互之间的有机联系，即整体性。终身教育就是人的不断构建，是人的知识和技能的不断构建，是人的判断力和行为的不断构建。它使人得以不断地认识自己、认识自然、认识社会，从而体验存在的价值与生活的意义。

终身教育的现代理念在不断地发展深化。从法国教育家保罗·朗格朗于 1965 年在联合国教科文组织主持召开的国际成人教育促进会议上最初使用法语“education permanente”（恒久教育）一词，到联合国教科文组织将其译成英文 life-long education（终身教育），再到 1994 年美国总统克林顿在签署教改法令中将终身学习列为美国教育发展的八大目标之一和联合国教科文组织国际 21 世纪教育委员会提出“终身学习是打开21世纪光明之门的钥匙”的口号，及至今日人们越来越倡导和鼓励的“终身研究”，反映了人们“由外向内”的追溯推进式自我成长和对教育“由被动到主动”的知识方向的寻觅。

知识需要不断更新。尤其进入知识经济时代，每个大学生只有成为终身学习者，才不会被时代、同行淘汰，这就需要大学生具备终身学习的能力，而且能够自我激励。因为，学习者自身的学习动机对其学习的成效有着至关重要的影响。为此，大学生要成为自我激励的终身学习者，热切盼望成功，并愿意为此付出不懈的努力。事实上，唯有终身学习，才可能跟得上呈几何级数增长的知识，才能使自己的价值得以提高，即终身发展。

只要还有明天

今天就永远是起跑线

十四、终身学习：提升自我

传统学校教育的存在，是以人生划分为学习与工作两个阶段为前提的。在人生的学习阶段，其任务是通过学校教育获得关于自然、社会和思维的各种知识，掌握工作所需的基本技能。在人生的工作阶段，其任务是用前面学习阶段所获得的各种本领立足于社会，求得生存。如果说，在人类知识容量十分有限的过去，人们的确可以依赖于在学校的短短几年时间里所学得的一切去面对社会的话，那么，在急剧变化的现代社会中，仅靠学校所提供的知识就够享用终身的传统教育模式已经过时。以学校教育为中心的传统教育观念存在两个问题：一是对学校教育的过度依赖；二是对学校自我完结性的过度强化。对学校教育的过度依赖，不仅加深了整个教育是以知识教育为主的色彩，而且还带来了青少年家庭教育机会和社会活动时间的减少等问题。

事实上，在现代社会里，教育不再是人生某一阶段的机会，而是延续人生的全过程。就个人来说，其学习与工作、教育与劳动是交互进行的，只有不断地将自己投入学习中，才能适应瞬息万变的世界，并获得工作的动力；也只有不断地学习，才能获得生存的本领，并建设相互影响的社会关系。因此，学习活动是伴随着生命的始终的。“活到老，学到老”已经不仅仅是一种道德要求，更成为生活的一种方式。从这种意义上说，教育首先是一个内心的旅程，它的各个阶段与人格的不断成熟的各个阶段是一致的。人生就是通过不断地学习、不断地接受教育，从不成熟走向成熟、从生命的物质状态走向生命的精神状态的过程。

第四章　培养良好的心性和情绪

当你无心种花
便会长满杂草

子曰：“参乎！吾道一以贯之。”

——孔子（《论语·里仁》）

一、心性

我们由一个小故事说开去。

巨浪之中，12位30岁左右的年轻人被困在一艘即将倾覆的邮轮上，危在旦夕，他们被船长告知只有3位能登上唯一的救生艇。

不要以为这是泰坦尼克号的又一个版本，这是一趟特别的模拟求生之旅。紧接着，在“船长”的引导下，年轻的“乘客”开始讲述自己面对此种情况的考虑和选择，而他们的述说，将会影响谁最终有可能登上小小的救生艇。结果，12位“乘客”都站在各自的角度上说出自己要活下去的理由，或慷慨或淡然，或直接或委婉。毕竟是个游戏，许多理由听来非常有趣，比如有的人说：“我还没有讨到老婆哩！死不得。”然而，就算这只是一个游戏，人们也能隐约地觉察到，在各式各样的陈词背后，是掩饰起来的刻意，因为人大都还是希望以轻松一些的方式来说起那些严肃的东西——各自对生死的理解和对生命的观点，只需听者稍加用心，平日里隐而不现的人性和人心就在此处闪耀，此起彼伏……

多年前，我正是“乘客”中的一员，在那艘船上发生的事情已经记不起全部，但是，一直铭记于心、始终不能忘怀的正是那一刻照见的彼此的心性。心性看起来很玄妙，其实不然，处处有其踪影。

对于一名足球主教练而言，如果他只需要在每赛季能进30球和每赛季只进4球的队员之间做选择，那么他就没有价值了；对于一位面试主考官而言，如果在选拔副厅级干部的现场，只是在一名已有建树的非凡人士和名不见经传的应届大学毕业生之间做选择，那么这个主考官谁都可以来担任。

因此，一个好的足球教练要有能力在两个能力相近的运动员中做出正确的取舍，一个好的面试官要有能力在两个旗鼓相当的候选人中做出明智的判定。那么，他们到底要比较什么？

极其有可能的是，他们比较了一种无法比较的东西，这种东西无法被量化，无法被统一成某种标尺上的分寸进行测量，对这种东西做出判断，其实需要某种对人本身的见识，也就是说，要对人的内在品质有所觉察。

也正因为如此，其实更有可能的情况是，尽管足球教练淘汰掉了某位每赛季只能进 4 球的队员，尽管面试官丝毫没有给那位应届大学毕业生以机会，但他们都在事后念念不忘，总觉得那位失利者有个别部分似乎还胜过那位胜出者。

因此，心性不仅仅是人的一种内在品质，更是一种决定性的品质。

我们说“心性无关能力”，并不是指人的能力不重要，而是指考察心性的维度远在考察能力的维度之上，因为它是对人的整体的看法。

如果说，诗就是在翻译中丢失的东西，那么，心性也可以说是在量化比较中会隐匿的东西。

简而言之，心性就是人身上不被比较的东西，谈论心性就是在谈论某个人是否具有属于他的风格、他的“道”、他的“一以贯之”的“一”。心性是有或无的问题，不是好与坏的问题。

也正因为如此，每个人都有他的心性，都有他的“道”，尽管未必都能“一以贯之”，但人皆具有发展这一点的潜质。

接下来，让我们从字面意思来揣度一下“心性”。

心——心脏，用作比喻的时候，就是心思、心境。我们会说“心满意足”，会说“我心疼你”。

性——本性，就是先天，就是生命。我们会说“性质”，会说“不能伤其性命”。

因此，心性的第一层关联就是“心脏的本意”。它表达了生命的基本出发点，是我们充满适应性和弹性的生命的内在度量。而且，心早于意识，心脏早在胚胎期的第 32 天就已经开始跳动，而在那个时候，掌管我们的意识的大脑还远远没有开始工作。所以，“心脏的本意”很简单：它开始跳动，它继续跳动。

穿越漫长的岁月，心脏不停地跳动，从不放弃；同时，心脏还始终按照某个节奏来跳动，并一直在把血液和能量送到身体的每一个角落，从不中断。

这些人尽皆知，但是，并非每个人都知道：心脏不停地跳动，其实在于它不断地改变。

心脏科学研究人的“心率变异性”（heart rate variability，HRV），这个特性是普遍的，它描述了人的心脏无时无刻不在改变着自身的跳动速率的特性。因此，心脏的“稳”并非一成不变，反过来，恰恰是“变”的特性保证了生命的延续，我们能够感受喜怒哀乐，可以在兴奋和平静之间切换，都源自心脏这一团活物的性质。

因此，要了解人的心性，首先应该去关照一下自己的心脏，看看它是怎样的。在一定程度上，人的命运就是他的解剖结构。摇滚乐队的灵魂鼓手的心脏并不是人人都具备，这不是才能的问题，而是心性的差异。

心性的第二层关联，是对心脏的稳定与多变的一种隐喻性理解，即心性是一种弹性，它代表我们的生命拥有无限的可能性，而且这种可能性不是欲望的可能性。

心性的可能性越多，我们的生命越发丰富；而欲望的可能性越多，我们的生命则越发贫乏。事实上，正是由于狂风暴雨似的欲望让我们疲惫和焦虑不堪，而当我们过多地与物质世界联系在一起时，正是心性尚存之时，人才有机会得以恢复。有个故事说，我们赶路的脚走得太快了，要慢下来等一等心的脚步，这个故事并不是说心性真的落后了，而恰恰是由于心性没有落下，人才能有这番觉察。

“不怕念起，唯恐觉迟。”

说了心性的两层意思，我们现在可以接着说，心性是一种强烈地关心人的精神命运的关怀，是人的“本来面目”。

正是在这个层次上，如果要继续追问心性的问题，我们可以问：“到

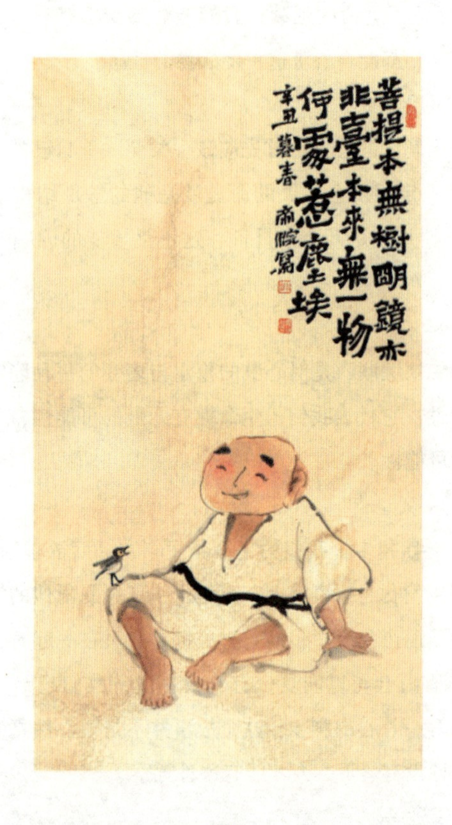

底什么是人的道路？”

这时，我们愿意回到一般的情况来看，即道路是一个过程，一个链接起点和终点的过程。

没有起点的道路不可想象，没有终点的道路没有意义。

我们从英语语态和时态可以看得更清楚，人的出生是被动语态，出生就被抛入世界；但无论如何，一声啼哭之后，就拥有了一个起点；接着，下脚就是路，但路还不是道路，道路须有一个目标在前方。

可问题在于，谁能给人规定一个目标呢？

对于这个问题，千万年中，每一个走过的人都给出了自己的回答。有些人回答得很散，有些人回答得集中；有的人回答间接，有的人回答直接；有的人的回答写了出来，有的人的回答没有流传下来。这里有一个流传下来的、直接的、集中的回答来自哲学家罗素（Bertrand Arthur William Russell），他在《我为何而生》中给出了他的“道路”，据说已经被翻译成近200种文字：

三种单纯而极其强烈的激情支配着我的一生。那就是对爱情的渴望，对知识的寻求，以及对人类苦难痛彻肺腑的怜悯……

我追求爱情，首先因为它让我迷醉。爱情使人迷醉的魅力使我常常乐意为了几个小时这样的快乐而牺牲生活中的其他一切。我追求爱情，又因为它减轻孤独感——那种一个颤抖的灵魂望着世界边缘之外冰冷而无生命的无底深渊时所感到的可怕的孤独。我追求爱情，还因为爱的结合使我在一种神秘的缩影中提前看到了圣者和诗人曾经想象过的天堂。这就是我所追求的，尽管人的生活似乎还不配享有它，但它毕竟是我终于找到的东西。

我以同样的热情追求知识，我想了解人类的心灵，我想了解星辰为何灿烂，我还试图弄懂毕达哥拉斯学说的力量，是这种力量使我在无常之上高踞主宰地位。我在这方面略有成就，但不多。

爱情和知识只要存在，总是向上导往天堂。但是，怜悯又总是把我带回人间。痛苦的呼喊在我心中反响荡漾，孩子们受饥荒煎熬，无辜者被压迫折磨。孤弱无助的老人在自己的儿子眼中变成可恶的累赘，以及世上触目皆是的孤独、贫困和痛苦——这些都是对人类应该过的生活的嘲弄。我渴望能减少罪恶，可我做不到，于是我感到痛苦。

这就是我的一生。我觉得这一生是值得活的。如果真的有可能再给我一次机会，我将欣然重活一次。

罗素回答的最后一句，透露了关于“道路”的一个内在规定，就在于这道路对于人自己来说，要想具有终极的意义，那么它就必须是唯一的、不二的选择，这就有点“天命”的意思了。

也就是说，罗素活过的一生，刚好就是他回望一生时唯一的、最好的选择。怎么会有人这么好运？

可好运的恐怕还不止这一位。

这个人，被林语堂以一本叫作 *The Gay Genius* 的书介绍给了西方社会，而这本书的中文译名叫作《苏东坡传》。

苏东坡在中国历史和文化中的坐标性地位，可以从我们耳熟能详的“明月几时有”“大江东去浪淘尽”等诗句中显示出来，想对他的生平有更多的了解，可以从他的书法、文章乃至菜谱中体会，这一点相信没有争议。但是，说到苏东坡的“好运”，到底应该怎么理解？

东坡先生一生仕途不顺，还屡遭流放，放在那个有“阶级局限性”的年代里，怎么看也不是一个好运之人。

罗素刚刚向我们揭示，看一个人好运与否，要看他的终点，要从终点回顾他的“道路”。而苏东坡的“道路”，终止于常州，但那只是他最终北上的客死之地，要说他最后的居留之处，应是儋州。

于是，追寻着东坡先生的足迹，我到了海南，从海口开车到儋州，再到东坡书院。我特地请了一个当地的导游为我讲解，同时，我留意到这个导游似乎对东坡有某种私人的好感。在游览的最后，导游问我有没有兴趣去后面的院子里看一种花。

一种花？

在导游的指引下，我认识了一种叫作“狗仔花”的花，这花很有意思，仔细看它的花心部分，像是五只小狗翘着尾巴围着花蕊坐成一圈。后来一查，发现这花在中国只海南才有，导游说许多外地人带回去也没有养成。我还留意到某处文字介绍说这个花有个别名叫“五狗卧花”。

“五狗卧花”这个名字，一下子就牵出了一则关于苏东坡的故事。

东坡年轻时，某次去王安石的相府拜访，恰逢王安石没在家，东坡便到书房等候。结果在书桌的诗笺上，他看到这么两句诗：“明月当空叫，五犬卧花心。”

年轻的东坡一看，不由眉头一皱，他心想这诗写得不合事理，于是提笔一改，改成了“明月当空照，五犬卧花荫”。

东坡好不得意。

王安石回家看了，知道是东坡的笔迹，但未置可否。

这么一来，许多年过去。

直到多年之后，当苏东坡贬谪儋州时，他才从当地的好友黎子云那里得知当地有一种鸟，就叫“明月”，而且，只在儋州，正有“五犬卧花心”的狗仔花。

这个故事当然是编的，但编得好。

因为这个故事不但展示了东坡的性情，以及这种做派给他带来的陆续的遭遇，而且强烈地指出即便遭遇不济，可他最后要到的荒蛮的儋州竟然还包含了另一桩目的，具有传奇的性质，仿佛是一支很久以前就射出去的箭，如今终于飞临了靶子，而且正中靶心——目标正是儋州！

东坡就这样在最后的居留之所弄清了明月鸟和狗仔花？

从彼时的狂放，王安石的处置，到后来的恍然大悟……在这里，他才弄清楚了一生的来龙去脉？

这恐怕不是真的，因为这一看就是后人的附会。但这肯定又是真的，因为苏东坡的天才其实不仅在于他的才，还在于他能在那个并不完善的时代里完善地度过他并不完善的一生，林语堂所写的，正是这个意义上的“天才”。

因此，“儋州解谜”的故事是编的，但命运竟是真实的。离开海南最终北上时，苏东坡有亲笔诗《别海南黎民表》为证，诗云：

我本海南民，寄生西蜀州。

忽然跨海去，譬如事远游。

平生生死梦，三者无劣优。

知君不再见，欲去且少留。

在这诗里，我们分明看到，苏东坡俨然已是儋州人，故乡蜀地反而是寄生了。好个“平生生死梦，三者无劣优”！

站在炎炎烈日下，我明白了东坡先生的心性，也看到了东坡先生的幸运。

苏东坡的幸运、罗素的幸运，其实都是一样的。他们并不是真的有多少世俗意义上的幸运，他们的幸运是一种精神历程上的圆满，因此，罗素刚好落入他不二的人生，苏东坡碰巧在海南了解了狗仔花，这些都不是传奇，他们都是拥有终极“目标”（telos）的人，因而他们总是能去到最终；他们也因此成为拥有美德的人，他们所践行的美德，不是德目表中某一种具体的德性，他们的美德是在于他们以追寻美德的方式来度过这一生——这种实心实意的追寻，恰恰就是践行美德本身。

行笔至此，我们对“心性”话题的探究也基本上要接近尾声了。

心性人人都有，这一点没错。但不是人人都能完成自己的心性所要求的那种道路，不是人人都能看出自己的心性所要求的那种目标，不是人人都能一以贯之地实现自己精神历程的圆满。

我们不禁要问：“追寻这些有意义吗?”

面对这种终极拷问，我们也无法给出简单的回答。

在此，不妨借许多年前杜维明先生在中山大学讲学时说的一段话作为一种鼓励：

如果你能那样去行走，不一定会成功，但在人生道路上一定会有深刻的满足感。

末了，让我们把“心性”这一小篇开头的故事讲完：

就在12位“乘客”无人表示会放弃自己的生命并且说出了具有同等质量的理由之后，“船长”决定把每个人的生命一分为三，分别由三根竹签替代，接下来游戏规则规定：每个人都不允许把代表自己生命的竹签留给自己——必须分给其他伙伴，最后得到最多竹签的三人为幸存者。

于是，在一种近乎神圣而静谧的音乐中，我们围成一圈，闭上眼睛，把手都放在背后，由“船长”引导着逐个走出来，绕着围成的圆圈，把自己的竹签托付给他人。那真是困难、感动又庄严的时刻，我非但无法拯救自己，也无法确定地救下任何我想要拯救的人，但那些紧闭着眼睛的伙伴们却在无言无语中流泪不止。而更加撼动我心灵的是当有人把代表他生命的一部分托付给我的时候……当我的手心里有人放进一根竹签的时候，我能直接触摸到人的自我完成，是别人的，也是自己的……就在这虚拟的游戏中迎来了具有终极意义的情与理的交融，这让我坚定起一定要去寻找属于自己的终点与精神历程的心。心性，亦是心之所信。那一刻，我亦泪流满面。

二、情绪

当卡夫卡说“我最擅长的事情，就是一蹶不振”的时候，我们就可以知道，与现在的思想自由、言辞灵活的大学生谈一谈良好的情绪、健康的心理乃至所谓的“阳光心态”有多么不容易。

然而，如果我们的目的不是抬杠，那么我们就大可肯定地说：没有人想一直活在坏情绪里。要知道，即便是卡夫卡在说出上述名言的时候，他大概也正因为自己说出了一句高妙的话而享用着那一刻的“好心情”。

每一位学子，当他走进大学校园，我们可以笼统地说，他必然希望能在这里证明自己，被人喜欢，有好的际遇和机会，能取得进步，获得成果，等等。但是，这些真的是他实际上每一天度过时间的方式和细节吗？

并不是这样。

人生的秘密就在于，我们终将领悟到，我们以为自己所走过的道路其实并不是我们的经验本身，我们的经验其实是无名的，是漫无边际地生长于路边的野草，这些看起来不显著、往往连名字都没有的野草正是我们的生命，它们构成了我们最真实、最根本的经验。

夏目漱石将这种长在人生大路旁边的野草叫作“道草”，并著有同名的《道草》，但在我们这篇小文中，我们不妨将这些“草”叫作“日常的情绪感受”——非要以之为喻：那么，你的毕业成就之路也是从日常的点滴中踏出的。

因此，我们一定要来谈一谈情绪。事实上，它才是我们“在校生活质量”的关键。否则，一名特别聪明且做好了每一件“重要且紧急”的事的学生，却很可能过得不怎样，这是因为他做了“一切”却唯独没有搭理自己的感受——当他并不快乐，与他联结的所有关系、他所取得的各种成果都会因此而大打折扣。

现在，就让我们在尽可能少用专业术语的基础上，进行一趟关于情绪—感受—心境的小小巡礼。我们仍有三个关键词：混合、节制、弹性。

（一）混合

情绪是一种复杂的混合物。当我们使用“愤怒”“惊讶”“开心”“羞耻”“尴尬”“嫉妒”“挫败”等词去谈论情绪的时候，我们容易陷入一个误解，就是我们会觉得情绪是一种能够如词语一样彼此独立、划分得泾渭分明的对象。其实，并非如此。此处不用搬出心理学的专业术语，我们只需反思一下自己的过往体验，就会发现自己往往需要同时说出好几个表示情绪的词语，才能说清楚某个当下的感受——甚至就算那样也说不清。这个说不清非常有意义，因为这可能才是情绪真实的样子，我们以词语的混合试图捕捉情绪的真实面貌，不过是一种没有办法的办法而已。

还是看看故事里是怎么说的。

手中有一本叫作《再见，爷爷》的绘本，故事很简单：小熊每天都跟爷爷约好一起去钓鱼，结果有一天爷爷没有来，小鸟飞来报信说“不好了”，小熊跟着小鸟过去，发现爷爷躺在地上，再也没有醒来。于是，小熊在朋友们的帮助下，经历了我们所谓的对死亡的“接受”“告别”“埋葬”“怀念”“升华”的全部过程。但当我给孩子讲述这个故事的时候，我感受到了强烈的震撼，因为书中有一句这样的话：

小熊、小鸡和大象拿着画和花朵，向爷爷走去。这是一种既奇怪又悲伤，还混杂着一点点激动的感觉。没有人知道应该说些什么。于是，他们都不说话。

读到这里，我突然意识到我们成年之后的感受是多么地刻板、格式化，多么地远离这里讲到的“情绪是复杂的混合物”。

要知道，“亲人离开”这样一种我们“大人”只能冠之以“悲痛”的经验，其实在一个孩子那里，还包含着无法说出的“一点点激动”。

那又是什么让我们后来不再去体会这种激动了？

答案其实是教化、文化，规则、习俗。

因此，到了踏入大学的年龄，我们其实需要一种细腻的反思实践。我们需要反思那个让我们赖以生存、赖以成为一个合格“社会人”的文化和习俗，它其实也在限制了我们。

而这种染上了道德色彩、区分正确与否的情绪体验似乎也隐约地指向着未来的“996”，指向每一天都重复如昨日的程式化的生活。

所以，首先要在大学里“活”过来，恢复我们应该有的感受力和生命力，这是一切健康的基本含义。据说手指的精细触觉能让人感受到光滑平面上的0.006毫米的突起——每个人都是豌豆公主，而与之对应的就是我们内心的情感触觉，它们引发复杂的、混合的，因而也是丰富的情绪体验。

（二）节制

诗人多多在他的《能够》中这样写道：

能够有大口喝醉烧酒的日子
能够壮烈、酩酊
能够在中午
在钟表嘀嗒的窗幔后面

想一些琐碎的心事
能够认真地久久地难为情
能够一个人散步
坐到漆绿的椅子上
合一会儿眼睛
能够舒舒服服地叹息
回忆并不愉快的往事
忘记烟灰
弹落在什么地方
能够在生病的日子里
发脾气，做出不体面的事
能够沿着走惯的路
一路走回家去
能够有一个人亲你
擦洗你，还有精致的谎话
在等你，能够这样活着

诗人的触觉，通过语言，传递了出来。

就这一点而言，其实我们是主张适度体验和释放各种情绪的。因为情绪总是伴随着某些特定的冲动，而太多的冲动被压抑就会出问题。然而压抑并不会让某种情绪消失，而是让能量更加集中地聚集在一处，或者更大范围地在内心世界扩散，最终会因为无法宣泄而导致整个心理系统崩溃；重则出现精神病症，轻则导致各种心身失调的症状（比如肥胖

真的没关系
我们都会做错题爱错人
会莫名其妙掉眼泪
走在路上突然会崩溃
但不妨碍我们去看看晚霞
吹吹风，都会过去的

或厌食，又比如复发性的胃溃疡就是典型的情绪病、“压力病”）。当然，一定要注意这里的“适度”二字，否则，“冲动是魔鬼”。如果任由负面情绪过分表达，当事人的情绪反而会越发难以平复，甚至从生理层面变成负面情绪的成瘾者。在这方面，尤其要注意愤怒和恐惧这两种情绪，愤怒常常让人更加气愤，而恐惧会自我加强，变成一个跳不出来的恐惧之圈。

所以，请正确理解这里的意思，我们希望的是请学子们不要失之于这种人性心理的复杂，因为薄瘠的情绪体验必然无法回应任何一种要人活得富有弹性的邀约。

好，让我们假定，现在你已然明白了情绪的复杂与丰富，明白了我们需要通过某种程度的“反叛”来获得生命自有的丰度，那么，现在你是否就可以立刻“跃入”美好的校园时光了呢？

答案是否定的，否则我们也不用有“情绪管理”这个词了。

情绪，作为理智的对照面（我们没有说“对立面”），有它的两面性，丰富但未加理智检视的情感体验更有可能毁掉你的生活而不是建设它。

为此，我们需要你注意以下几条建议。

(1) 情绪的强大力量毋庸讳言，但正因为如此，我们的判断力就显得尤为重要。因为我们会很容易想到办法来反驳我们不喜欢的证据，反之亦然。

其实，我们的理性并不如它所标榜的那样正确无误。真实的情况是，每当有证据支持我们预先就赞同的观念时，我们的理智在寻找证据中有缺陷的方面的检查就会显得马虎。并且，有些研究还指出了更令人担忧的事实：信息对我们越重要，我们越容易受到情绪的影响。

对此，我们给你的建议是，你并不需要成为没有情绪的计算机，但你需要留意自己做出重要判断时情绪的在场及其作用，这就足以纠偏你自己的判断误差。

这个训练其实很容易，在今天，任何一个稍微使用社交媒体的同学都可以从每天身边正在发生的引发了公共舆论的事情里，比如气候议题、新冠病毒、女权思想等，获得足够的信息刺激。你可以从现在开始就特别检讨那些很容易就“博得”了我们的好感从而被认为“正确”的信息；并且，随着时间推移，我们还要请你陆续地关心有关的信息，努力做到“兼听”，展读那些看着标题就让你不赞同——其实是不喜欢——的信息。你会渐渐从内心发觉，原来许多结论是由感受带来的，这种体验非常重要，它不仅提示你那些“感觉特别好”的结论背后的煽动及虚妄，而且它能帮助你避免进入受过教育的现代人很容易落入的精神狭隘中。

我们不要对自己所在的社会、社区、班级、宿舍陷入极化负有责任。陷入严重的对立的最小单位正是这种被心理学家命名为“动机推理”的思维模式，一旦陷入其中，大学生获取信息能力强、博学的特点就会成为劣势，因为他们更容易陷入极端而貌似特别有道理的立场中，而这对个人和社群都绝非福音。

在这方面，先贤们已经正确地提醒我们，切莫“言伪而辩，记丑而博”。

(2) 我们要警惕因“丰富”而有可能落入的虚无。它的发生是以下这样的过程。

如前所述，我们生活在特定的母体、家庭、社会和文化中，这些因素共同决定了我们是谁，当然这也意味着我们的情感体验是文化化了的。

这里我们要澄清的是，虽然人类学研究早就指出，在很大程度上，人类的某些基本而重要的情绪就如骨骼系统一样，是系统的、有规律的，是本能而非后天习得的，是与特定的人类表情相对应的。比如，达尔文在《动物和人类的情绪表达》中现象地把“恐惧”描述为“睁大眼睛和嘴巴，眉毛抬高，一动不动，屏气，蜷缩哭泣，心跳加速，脸色苍白，流汗，唾液分泌失调，口干，战栗，失声，瞳孔放大，颈阔肌收缩”。

但是，我们讲情绪是共通的，并不是说不同文化的人对待同样事件的情绪反应是一样的。比如，因纽特人的文化孕育自北极这样严酷的生存环境，其族群的生存取决于是否能维持整个团队的坚定和团结，所以他们认为愤怒是不好的，认为能完全控制愤怒才是良好的。因此，一件让来自其他文化的人感到愤怒的事件，因纽特人很可能几乎体验不到愤怒的情绪。尽管你的宿舍里没有因纽特人，但我相信你的同学群体作为样本已经足够让你了解到这一点。

除此而外，我们在考虑一个人的情绪反应的时候，还要考虑他的个人经验。

总而言之，一个人的情绪反应是一种由本能、文化及经验建构起来的较为稳定的反应，以及应对他所在世界的特定模式。

而这就导致了另一种更深刻、更微妙但也更麻烦的情况，那就是当一个人到了一定年龄的时候，如果有机会开始反思他为何会这样，他就会因此而萌发一种怀疑，而这种怀疑主要不是指向他的本能和个体经验，而是指向他很容易意识到的“自己不过是屈从于自身碰巧所处的文化与社会”，结果他会立刻进入一种“我本可以”的推理中，会觉得自己正因为屈才放弃了去做喜欢的事情、去成为更理想的人。更进一步地，许多大学生都在求学过程的某个阶段体验到强烈的来自反思文化和习俗而产生的无意义感、不自由感，进而陷入海德格尔所谓的焦虑中。

我们必须清楚地指出，这是未见光明前的黎明黑暗式的遮蔽（此处并没有暗示真理很容易就能得见），因为这种“焦虑”是具有存在性的，所以它其实是普遍的、形而上的焦虑，也正因如此，它有如下的意义。

当人面对存在所引发的焦虑，其实也意味着他开始关照生命中的真实，这是检验一个人是否准备了足够多的心理资源和理智资源的机会，甚至就某个意义而言——这正是我们要上大学的原因：在大学里要学的不仅仅是更复杂的知识、技能，还要学习那些最重要、最永恒的问题的基本回答路径，要开始明白一个人需要弄清楚诸如“我从哪里来，到哪里去，要怎样走在自己的路上”这样的问题。

所谓“行之于途而应于心”，当我们能持续地洞察我们的生活，尤其是从内心深处认同这种持续洞察的价值，那么，为了丰富我们的情感而释放出来的“反思文化”的能量就不会反噬自身，人就不会落入虚无。

康德说：“世界没有意义，但意义有意义。”自由往往是我们有权拒绝做什么，而不是我们可以任意做什么。

(3) 到此为止，我们已经检视了两个由丰富而强烈的情绪体验引发的危险，接下来，我们要挑战最棘手的一个，它叫作“我想要”。

一旦提起它，我们就在与你谈论欲望，谈论据说牢固建立在我们的大脑里的奖励机制。

这些年许多概念都依次流行过，比如血清素、肾上腺素/去甲肾上腺素、多巴胺等，我们认同这些研究的见解，尽管我们并不赞同彻底的还原主义将我们的欲望和感受变成仅仅是实验室里的物质与过程。

而接下来我们要说的是，尽管这些化学物质在影响我们的动机，对我们的行为有着强大的影响力，但我们并不打算赞同“欲望即理由”这种信念，也不打算以道德说教的方式展开讨论。

如果要回忆近十年来大脑研究在大众心理与情绪健康方面最重要的成果，大概2017年“格雷特·伦德贝克欧洲大脑研究奖”（简称大脑奖，The Brain Prize）获奖者的那个发现值得一提：多巴胺（通常被误认为是快乐之源）的增加只是标志着新异事件的发生，并且无论该意外事件是积极还是消极的。

换言之：想要（欲望）不等于喜欢（愉快）。

这个说法乍一看似乎不对——“我想要”不就是“我喜欢”吗？

由此看来，两者之间重要而微妙的差别值得每一个充满激情的年轻人知道：以目前所见，多巴胺的存在其实只是一种适应行为，而不是奖励，多巴胺事实上意味着预测，即当出现了与我们的预测不一致的事件时，我们的大脑就通过该激素对“意料之外”进行标记和强化学习。

所以，欲望的本质只是一种朝向新异事物的动机，而多巴胺的确在其中扮演了重要的角色，如果非要说喜欢，那也只是生命自身“喜欢”

这样做；但相比之下，那些真正堪称“喜欢”的东西，其实是由其他更小、更脆弱的大脑回路调节的，而这些回路（存在于伏隔核壳部、腹侧苍白球、臂旁核、前额脑区底部等享乐情绪的频发区）甚至不依赖于多巴胺。

这么一来，其实也印证了我们的观察，即任何一种生活——只要人在其中过得足够久，无论在外人看来，它多么富有魅力，就当事人而言，都有可能是乏味乃至无聊得令人难以置信的。此时，如果不能发展出真正的喜欢，而仅靠跟多巴胺有关的“欲望”来实现对乏味的抗衡，那这条路的终点就只剩下高涨的身体与世俗的欲望。在今天的社会，它往往意味着消费、滥交乃至迟早的犯罪。因此，我们需要真正“找到”——其实是“发展出”——属己的喜爱。如果此前错过了发展这种喜爱，那么，大学时光将是个好机会。而要使你真的明白“喜欢是由其他更小、更脆弱的大脑回路调节的”意味着什么，那我们也许应该从一件足以堪称“手艺”的东西中来寻找这种喜欢，无论它是一门艺术，还是

还过得去
值得恭喜

一项运动，或者仅仅是一种“休闲娱乐”，我们应该努力在其中完成足够多的训练，达到足够高的水准，以便让我们进入一个不受新异偏好(其实是欲望）影响的区间。

数十年如一日地做同一件事情，表面上没有刺激，但做者享受其中。“人不堪其苦，回不改其乐。”

关于这一点，我们最后要提一句来自积极心理学关于“心流”的结论：心流是一种忘我状态，是人处于忘记了时间和烦恼的高自我效能状态，而它达成的条件是“高技能+高挑战”的组合，其中的关键是提高技能。

我们知道，任何技能的提高都绝非一朝一夕之功。这个世界上并没有那么多富有戏剧性的天才，进入一流大学的你更应该深刻地知道这件事：天才的含义应是每一个人，尤其是那些能够一以贯之、磨炼自己的普通人。

(4）最后，关于情绪的“避坑”事项，我们不得不提到“感情”，这里说的是与恋爱有关的感情。

现代社会有一种倾向，就是大幅度地提高我们的性成熟和人生成熟之间的时间差。身体早已摩拳擦掌，心理成熟、人格独立与事业进展(经济能力）看起来却还差得很远。

不过，大学时代仍然是恋爱的黄金时间，这里也是多数人离柏拉图的《会饮》最近的地方，而柏拉图在其中说出的那个圆球人神话的确揭示了人渴望寻找自己的另一半、寻求整全的永恒价值。所以，此处我们要提醒的是：由恋爱产生的各种丰富而强烈的情绪与情感，也常常如狂风般把我们吹得东倒西歪，由此人们很快就会发现，与其说爱的同义词是“美好”，不如说是“强烈”，而强烈是中性的。

因此，在恋爱中，我们体验到的不仅仅是欢乐，更有焦虑、愤怒、悲伤，乃至恨。如何充分地运用理性去把握这一难以教给、无法训练的人类命题，我们也没有答案。

但在此，我们诚挚地向每一位学子推荐英国作家C. S. 路易斯的作品《四种爱》，愿你在大学时代能有时间抽空读一读这本书——最好能在投身“爱”之前。

（三）弹性

现在，我们就只剩下关于情绪的最后一个关键词：弹性。

我们想借此谈一谈“好情绪”。

正如前文所说，我们不应该给情绪贴上道德标签，同时，我们也不能说“悲伤”没有积极作用（比如悲伤让人冷静，让人退缩，从而进行修复）。那么，到底还有没有“好情绪”这回事呢？

应该说是有的，那就是富有弹性的情绪。

情绪不能被创造或者消灭，它只存在“唤醒”与否，因此，所谓好情绪其实是对情绪进行接纳、调节和转换，这体现了一个人的情绪弹性，进而反映为行为的弹性。

接下来，我们就来看看如何做才会让自己的情绪更富弹性。

首先，要倾听和理解情绪对自己的意义，这是接纳的关键。

我们身上的任何情绪，都反映着我们的自我理解与需求。例如，忧愁、哀伤固然意味着一轮低潮期，但它们会让我们回归自我，用一些时间与要告别的东西告别，而如果你竟然因为忧伤而哭了起来，那么其实说明你有着良好的自然释放紧张和压力的能力（要知道眼泪中的紧张激素是血液中的十倍）。又如，我们通常会说愤怒是一个“负面情绪”，但其实愤怒也有积极的意义，因为它让人充满力量，应对挑战（很多时候，只是看到你握紧的拳头和额头跳动的青筋，来犯者就已经不战而退了）。这里我们还要特别指出，“过劳死”如今不再是一个离学生族遥不可及的概念了，当“风华正茂”背后躲藏着“英年早逝”的时候，深夜里疲倦又焦躁的感觉往往正是身体在提醒我们：立刻放下，赶快休息！

要把我们的生活中如野草般不断冒出的事件所带给我们的永不止息的情绪萌发与情感体验看作学习和明白的机会，当你能够这样想的时候，许多负面情绪的影响已经被降低了。这是我们培养好情绪的开始，更是一种观念的更新。由此，我们还有机会赋予同一种情绪以不同的意义。当意义不一样时，我们的感受很有可能就由消极变为积极了。

其次，要避免给情绪“上色”。

在了解情绪的意义的过程中，我们仍然免不了评价。所谓评价，就是进行褒贬，这是拥有言辞的人的文化本能。

如上面所说，虽然许多情绪是“负面的、不好的”，但如果我们总是用各种具有强烈的道德色彩的词来形容它，有时候就会让自己陷入恶性循环乃至危机中，例如，产生困惑或者有负罪感。因此，我们要学习使用一些中性化的思维和词语来评价自己。例如，当我们感受到强烈的嫉妒，其实它不是什么“罪恶”，而仅仅是“过度表达竞争心”。退一步说，就算你妒火中烧，欲罢不能，内心冲突异常激烈，你仍然不需要通过自责来折磨自己。试问人类中有几个没有过这样的体验？我们需要对自己有耐心，要学会等待自己变得更成熟、更有安全感、更有力量去欣赏和感激。

以上行文可能会带来一个误会，即认为“道德色彩”就是“自我贬低”，其实不然，不恰当的“自我褒奖”也是需要警惕的。事实上，道德压力无论是自我贬抑还是褒扬，都是一种不良的自我扭曲。

1750 年，斯莫利特在他包罗万象的《英国历史》中提到了当时的一起自杀事件，史密斯夫妇因为破产，在杀死了自己的小女儿后双双自杀。而事情的关键在于史密斯夫妇留下的两封遗书，在其中，他们的表现异常平静，甚至还有幽默，让世人震惊。他们不但希望邻居可以在他们身后证明他们为人正直，而且在信中探讨了杀死小女儿的种种利弊，最后还表示他们仍然相信上帝的存在，相信上帝会眷顾他的每一位无助的子民。我们在阅读到这些资料时，能够感觉到史密斯夫妇过于强烈的

每个人都渴望时光旅行
回到过去做件小事改变现在
却没有人想到
现在做件小事去改变未来

道德感，正是这样紧张的道德感几乎把所有的情绪都扭曲了。在他们貌似过度的冷静和情感的淡然的背后，我们看到的恰恰是对真正的道德和信仰最大的违逆。

最后，培养富有弹性的好情绪要在人际中来进行。

人际交往既是好情绪的试炼场，又是它的试金石。

人是社会关系的总和，与他人在一起就需要交流，但是，交流谈何容易？何况许多时候，光是说理是说不清的。还好我们拥有情绪，一种平行的交流代码。通过情绪，我们可以将结论的一致性转向感觉的一致性，而后者正是“共情”，它的生理基础是已经被证实存在的镜像神经元。因此，“没有人是一座孤岛”，只要我们愿意去感受彼此的情绪与感受。这样一来，我们非但可以在人际交往中有更多的积极体验，而且这种积极体验本身就会带来新的积极情绪。

翻开任何一本谈到情商的书，上面一定会告诉你，情商是多么的重要。但是，很少有书会告诉我们，所谓的高情商是需要某种情绪能量来维持的，而这种能量不在别处，它就在富有情感交流的良好的人际互动中——我们其实是在好情绪中不断地学习好情绪的。

另外，我们也常常听到有的同学抱怨在某段人际关系中包含了很大的消耗，据说是“用热心换了凉意”，或者是“人心隔肚皮，别人都不懂我”，实际上，这往往可能是由于还没找到自己与他人的接口在哪儿。

我们的建议是要多细分情绪的粒子，并学会恰当地为其命名，努力使用中性的词汇表，试着中肯而客观地说出自己的感受，做到准确、不矫情。比如，“我觉得难受”与“我感到委屈”比起来，委屈的感觉明显比难受的感觉要来得具体而准确，而你越能准确地在交流中表达自己的情绪，就越有可能在他人那里唤起类似的反应，更好地体验与他人的同在。

所以，我们要去人际世界中培育自己的情绪能力，而不能躲进自己的“小楼里”自恋自怜。以一个譬喻的意向来说，所谓的自我，根本不是投入湖水中的那块顽石，而是一连串的涟漪汇聚、交叠并最终聚起、凸显的地方。

到此为止，我们基本上谈完了有关情绪的话题，其实还有很多东西没有讲，但没关系，因为生命的情感是恒久的话题。

让我们拥有丰富的、自省的、富有弹性的情绪，让我们变得有活力、有魅力，但是切记，好的情绪本身并不是生命的全部意义所在，我们还应该有更高远的目的和更具穿透力的目光。

第五章　培养爱的关系：友谊、爱情与婚姻

跟喜欢的人在一起
才是真正的养生

爱带着快乐能让你的眼目清晰和深远，自私和抱怨导致思想的狭隘和阴暗。

——海伦·凯勒

现代社会是开放的社会，开放的社会需要开放的人际交往。对于正在学习和成长中的大学生来说，人际交往无疑是生活的基本内容之一。根据埃里克森的人格发展的八阶段理论，大学生正处在从青春期向成年早期的过渡与转变阶段，学者 Jeffrey Jensen Arnett 将这一阶段命名为成人初显期，身处这一转折阶段，同学们即对认同感依旧保有探索，同时也开始面临成人初期亲密与孤独的冲突，这一危机的顺利解决会为我们带来爱的美德。孔子曰："独学而无友，则孤陋而寡闻。"悉心培养和锻炼良好的人际交往能力，不仅是大学生现实生活的需要，更是将来适应社会需求、驾驭生命之舟的基石。不同于西方的个体主义导向，我们更多的是身处关系主义的社会。费孝通先生在《乡土中国》中提出了著名的差序格局理论，即中国传统社会的个体，想象以自己为中心，在平静的水面上投下一个石子，我们身边的关系像水波纹一样推及开，一层一层延展开来。吕坤维教授在《中国人的情感》一书中指出，正如当代哲学学派"延展心灵假说"所假设的那样，中国人的心灵栖居于躯体之内，也存在于外在的世界之中，中国人的情感是在心与心之间彼此的感知与解读，这与我们彼此间的社会联结是分不开的。

大学时代是一个人步入社会、开始社会交往的重要准备和实践阶段，渴望友情、憧憬爱情是大学生的共同愿望。友谊、爱情与婚姻对我们意味着什么呢？

一、友谊是永久的财富

英国哲学家培根说："如果把快乐告诉一个朋友，你将得到整个快乐；如果你把忧愁向一个朋友倾吐，你将被分掉一半忧愁。"对于人生，朋友就像在一场旅途中加入我们轨迹的同行者，我们彼此支持，保有彼此的需要与被需要，在一段或长或短的时光中成为彼此生活中的羁绊，并在其中收获丰富的情感和积极的成长。

（一）友谊何以成为财富

1. 结交朋友会提高一个人的能力、人格和品德

朋友多，说明你的受欢迎程度和被接纳程度比较高，同时也从另一个侧面反映了你的能力、人格和品德。蒙古族有一句谚语“如果要了解一个人，就看他的朋友”，也就是所谓的“观其友知其人”。朋友是第二个自我。纵观历史上的伟人，哪个没有可以倾吐、交流、相互支持的好友呢？但是，朋友不会轻易地来到你身边，需要你的人格魅力，需要你的理解和付出。想广交朋友，我们就要努力提高自身修养，提升人格魅力，让周围的人欣赏我们，信任我们，愿意和我们交友。结交朋友的过程也是塑造自我良好形象的过程。在这个过程中，我们会改掉自己的一些陋习，学习朋友的诸多优点，最终使自己的能力、品德和人格得到全面的提升。

2. 朋友让我们多了一份迈向成功的动力

朋友是信息的源泉，是动力的来源，是成功的要素。1924—1932年，哈佛大学教授梅奥在霍桑工厂进行了一系列的实验，最终发现促进工人增产的一个重要因素是被观察，也就是当工人知道自己成为观察对象时，会愿意改变自己原有的行为。实验给了我们很大的启发：当我们受到身边人的关注的时候，学习和交往的效率可能会大大增加。而朋友，就是愿意给予我们关注的重要他者之一。一个人想要唤起自己的动

力，成就一番事业，为社会的发展做出贡献，就要注意建立良好的人际关系，有朋友的关注与帮助就多了一份成功的机会。

每一段伟大姐妹友谊的开端：
我第一次见你的时候
觉得你不好相处

3. 朋友是我们感情的寄托

人生的道路漫长，难免会遇到险阻和忧伤，因此，需要有感情维系，而朋友便是感情的寄托。朋友之间，有共乐，也有共苦，顺境时共享阳光，逆境时分担忧愁。2015年，哈佛医学教授罗伯特·瓦尔定格公布了其团队在77年间做的一项关于幸福的追踪性研究的最终结果——幸福是建立在良好的人际关系上的。美国密西根大学社会系的一个研究小组曾做过一个对100余名老人退休前后的生活质量进行对比的调查，结果显示：在影响老人幸福生活的诸多因素中，是否享有友情愈来愈起着决定性的作用。调查发现，有1/4的老人认为自己退休后的生活比退休前更幸福，尽管他们的收入处在中等偏下水平，但是他们平均每人拥有10名知心朋友。他们宣称，退休后朋友比财富更为重要，在遭遇婚姻红灯、配偶撒手西去等困难时，知心朋友能倾听他们的困惑和痛苦，并提供精神上的支持。相反，在自感退休后生活不如退休前幸福的老人中，60%的人自称没有一个知心朋友。他们普遍反映说，孤独使他们感到生活乏味，即便有亲人相伴，孤独仍挥之不去。他们认为，友谊和亲情是两码事，不能相互替代。忠实诚恳、患难与共、相互扶持的朋友，对我们每一个人来说都是永久的财富。

（二）大学是收获友情的沃土

大学校园是友情之花盛开的沃土，很多大学同学成了彼此一生中的莫逆之交。

1. 同学之间的交往大都是非功利性的

在大学期间，大学生还不能独立生活，主要经济来源依靠父母，不需要过多地考虑经济因素。英国诗人赫巴德曾说：“一个不是我们有所求的朋友，才是真正的朋友。”没有利欲的干扰，每个同学都能充分展现自己人性中美好的东西，譬如坦诚、关爱、天真、纯洁、互助等，彼此的交往也就更加符合“朋友”的标准了。

2. 大学期间是个人感情丰富的重要阶段

走出高中阶段，大学生的感情逐渐丰富，而此时也最需要他人的关爱。大学中的同学往往志同道合，便自然成为一起探讨人生、共话理想的最佳人选。学习的艰辛和乐趣、游戏的趣味与刺激，甚至还有彼此的小秘密：一起谈论过爱情与人生，一起憧憬过美好的未来，一起为考试而紧张焦虑，等等。在共同的学习和生活环境里，同学之间共同分享着成长的快乐与苦恼，友谊也由此萌发。

3. 共同珍藏大学期间美好的记忆

科学家研究表明，人脑具有一定的过滤性，它往往容易记住使我们高兴的事情，部分忘记或全部忘记那些使我们苦恼的事情，这是人对自己的一种保护机制。同学之间并不是矛盾的“绝缘体”，好比昨天也许会因一个问题争得面红耳赤，今天也许为奖学金暗暗较劲，明天也许会因为宿舍中的一个人没有搞卫生而吵吵嚷嚷……但是，在这个花季里，留下的更多的是相互的宽容、感激与思念。

（三）如何建立良好的人际关系

1. 重视良好的第一印象的建立

第一印象即人际交往中所说的“首因效应”，素不相识之人的第一次见面就是第一印象，而第一印象往往会对一个人的整体评价起到决定性的作用，一旦形成，就不易改变，并且会一直影响双方以后的交往。即使后来的印象与第一印象不甚吻合，我们仍然习惯于服从最初的印象。例如，一位老师第一次课讲得很成功，给我们留下良好的印象，以后即便有些课讲得很一般，我们也会认为这不是能力的问题，而是因为没有足够的时间准备；如果第一次课讲得很糟糕，给我们留下较差的印象，那么即使以后讲得很好，我们也会认为只是碰巧而已。首因效应会随着交往时间的增加和对彼此内在品质的了解的增多而相应减弱。但即使这样，首因效应也提醒我们：如果要让别人形成对自己的好印象，那就一定要注意在初次交往过程中的表现，特别是仪表和谈吐等。

如何给别人留下良好的第一印象呢？社会心理学家艾根（G. Egan）在1977年的研究中发现，在与人相遇之初，按照SOLER模式来表现自己，可以明显地增加他人对我们的接纳性，使我们在人们的心中建立起良好的第一印象。“SOLER”是由五个英文单词的开头字母拼写起来的专用术语，其中，S表示坐姿或站姿，要面对别人；O表示姿势，要自然开放；L表示身体微微前倾；E表示目光接触；R表示放松。用SOLER模式表现出来的含义就是“我很尊重你，对你很有兴趣，我内心是接纳你的”。

你笑起来
就像好天气

2. 主动是交友的重要姿态

很多时候，我们都在强调或者希望别人应该如何做，而不是自己应该怎样做。心理学家研究发现，在人际交往中，许多人都是被动地等待别人的接纳。鲁迅先生也曾说："友谊是两颗心真诚相待，而不是一颗心对另一颗心的敲打。"别人是不会无缘无故地对我们感兴趣的，要想得到朋友，就必须主动，主动接纳别人。我们可以尝试一下，当你在教室中主动与陌生同学攀谈时，几乎都会得到对方的响应。一位大学生朋友说得好："我们要明白一点，没有人天生有义务要对我们好，我们只有主动去关心别人，照顾别人，才能交到好朋友。记住，朋友和老爸老妈不同，是不会从天上掉下来的！"

3. 帮助别人更容易让人接纳

与人建立良好的关系，给人以帮助是很重要的。这种帮助，不是简单地指金钱、物质上的帮助，更重要的是出于真心的、情感上的交流、精神上的慰藉，以及对痛苦的分担、对困难的解决。我们都有过这样的体会，在你生病的时候，同学陪你去医院，或者在你学习上有困难的时候，同学耐心帮你讲解，你对这个人的接纳程度将远远高于其他人。

在大学中，我们会有朋辈互助组织。朋辈就是同辈，指年龄相仿，生活世界相似，有着类似的志趣、爱好，比较容易理解彼此的人。我们发现，在朋辈互助的过程中，学会走出自我，走向他人，支持他人，可以帮助我们更好地看到他人，同时也更好地被他人看到，在助人的过程中会收获一群志同道合的同行者。纪伯伦说："和你一同笑过的，你可以把他忘掉；和你一起哭过的，你却永远忘不掉。"学会帮助人，将使你更容易与他人建立密切的联系。

4. 学会尊重他人

《论语·颜渊》告诉我们："君子敬而无失，与人恭而有礼，四海之

当你帮别人搬开绊脚石

也是在给自己铺路

内，皆兄弟也。”没有尊重的基石，牢固的人际关系就难以建立，四海之内的兄弟也就难以寻觅。尊重朋友，就是要尊重他的人格和意见，在两人出现分歧的时候，能够静下心来认真反思自己的不足之处，考虑对方意见的可行性；尊重朋友，就是要明白再好的朋友也会有缺点，不要求全责备，应正确对待朋友的缺点，不要去讥笑、讽刺；尊重朋友就是多从朋友的角度考虑问题，尊重朋友的人格和选择。但是，尊重朋友并不是牺牲自己的一切去迁就他，也不是对朋友的过错视而不见。为了朋友，我们可以牺牲自己的一些利益，但不是让我们放弃自己做人、做事的原则。“君子和而不同”，只有彼此都保持自己的个性，才能相互信赖、相互支持，才能建立真正的友谊。

5. 宽容能让友谊长久

即使对自己有敌意的人，也应该宽以待之。《增广贤文》曰：“以责人之心责己，以恕己之心恕人。”在心理学家卡尔·罗杰斯提倡的助人技巧中，无条件地积极接纳与关注是其中的基本要素；在其《个人形成论》一书中，罗杰斯指出，对对方的接纳，会形成一种使对方感到温暖与安全的人际关系。这是一种助益性的人际关系，双方在其中彼此信任和理解，可以更好地发挥自我技能，收获更多的成长潜力。在大学中，我们要学会用放大镜看他人的优点，有容乃大，不要为小事斤斤计较，将会因此而收获得更多。

6. 嫉妒是友谊的巨大屏障

置身于大学同学之中，你会发现周围的同学都很优秀，也许在学习成绩方面，以及书法、绘画、舞蹈、音乐诸方面，都会对你造成一定的压力，“嫉妒”这一魔鬼也就由此滋生。尤其是对你的朋友，你更不愿意差于他们。这种不愿比人差的想法本无可厚非，倘若以之作为前进的动力，将获益匪浅，但一旦衍生为嫉妒，则会贻害无穷。因为嫉妒会蒙蔽你的眼睛乃至你的心灵，使你在妒火中燃烧，一无所得，一味嫉妒，近于双倍浅薄。

（四）主动和舍友建立良好的关系

建立良好的人际关系，处理好与舍友的关系是重中之重。宿舍是我们在大学期间最重要的活动场所之一，每天，我们都要在宿舍里休息、生活、学习，良好的宿舍氛围对我们至关重要。造成宿舍同学关系紧张的原因有很多：性格不合、生活方式的差异、嫉妒心理的萌发、照顾他人意识的缺乏等。因此，调整与舍友的关系成了同学们关注的大问题。同时，建立良好的宿舍关系也需要遵循建立良好的人际关系的基本原则。

（五）要重视师长带给你的帮助

在大学校园中，很多大学生都非常重视与同学建立良好的人际关系，然而却往往忽视了与老师的沟通、交流，更谈不上主动与老师建立良好的关系。在与大学生朋友探讨为什么他们不愿意和老师交流这个问题时，有的学生回答：“从小到大，老师见了面总教育我们，躲还来不及呢。”有的回答：“我倒很想和老师交流，可他不认识我啊！”还有的学生担心会耽误老师的时间。有调查表明，大学生在遇到困难的时候，大多数学生会想到和朋友、家长商量，只有极少数学生会想到问问老师的意见。其实，老师不仅是你们的师长，也是你们的朋友；他们希望更多地了解你们，也希望更多地被你们了解。无论是专业课老师、辅导员还是班主任，都会真诚地帮助你们解决生活上的困难、学业中的困惑、感情上的迷惘；他们会教给你更多的知识，培养你学习的能力，为你的专业发展方向、职业生涯规划提供一些有效的建议，愿意与学生共同成长。尝试主动与师长交流，主动寻求他们的帮助，在那里，你将会得到在同龄人中得不到的知识和财富。

二、理解爱情：爱是自我成长

漫步在菁菁校园，我们总会看到成双成对的大学生恋人。爱情，是大学生活永恒的话题之一，大学生的爱情如同夏日里的太阳雨，美丽又有些伤感。爱情不同于人类其他的情感体验，它是个体独特的心灵历程，只有真正爱过的人才能体察心灵的互动，是惊鸿一瞥的心的战栗，更是双方心与心的沟通和交流。爱情不是存在银行的钱，随需随取。爱情的成本是人生情感中成本最高的。当爱情来到我们身边的时候，我们该怎么办呢？

（一）爱情是什么

关于对爱情的描述，诗人舒婷的《致橡树》以拟物化的手法，借助木棉的独白呈现出爱情的应有面貌。在我们讨论爱情是什么之前，我想我们可以一起重温一下诗的内容：

我如果爱你——

绝不像攀援的凌霄花，

借你的高枝炫耀自己；

我如果爱你——
绝不学痴情的鸟儿，
为绿荫重复单调的歌曲；
也不止像泉源，
常年送来清凉的慰藉；
也不止像险峰，
增加你的高度，衬托你的威仪。
甚至日光，
甚至春雨。

不，这些都还不够！
我必须是你近旁的一株木棉，
作为树的形象和你站在一起。
根，紧握在地下；
叶，相触在云里。
每一阵风过，
我们都互相致意，
但没有人，
听懂我们的言语。
你有你的铜枝铁干，
像刀，像剑，也像戟；
我有我红硕的花朵，
像沉重的叹息，
又像英勇的火炬。

我们分担寒潮、风雷、霹雳；
我们共享雾霭、流岚、虹霓。
仿佛永远分离，
却又终身相依。
这才是伟大的爱情，
坚贞就在这里：
爱——
不仅爱你伟岸的身躯，
也爱你坚持的位置，
足下的土地。

1. 什么是我们理解的爱情

爱情是给予，不是得到。大家都熟悉《海的女儿》的故事，美丽的美人鱼，为了自己心爱的人，牺牲了自己动听的歌喉，用心陪伴在自己心爱的人身边，为了救自己的心上人，最后化为泡沫。

成熟的爱情是在保留自己完整性和独立性的条件下，也就是保持自己个性的条件下与他人合二为一。人的爱情是一种积极的精神力量，这种精神力量可以推动个体创造生命的奇迹，可以推动个体找到人生的目标。爱情是行动，需要运用人的力量，而这种力量只有在自由中才能得以发挥，而且永远不会是强制的产物。恋人将自己的生命给予对方，同对方分享快乐、兴趣、理解力、知识、悲伤等，没有生命力就没有创造爱情的能力。因此，爱情是对生命以及我们所爱之物的积极关心，爱的本质是培养与创造。

爱与被爱
同时发生
才有意义

爱是责任。人只有认识对方，才能尊重对方。不成熟的爱情是“我爱，因为我被人爱”，成熟的爱情是“我被人爱，因为我爱人”；不成熟的爱是“我爱你，因为我需要你”，成熟的爱是“我需要你，因为我爱你”。所有的爱情都包含着一份神圣的责任，这种责任不是义务，不是外界强加的，而是内心的自觉，即愿意为自己所爱的人承担风霜雨雪，而不仅是感官上的愉悦与寂寞时的陪伴。

爱是尊重。真诚的爱是建立在双方平等与理解的基础之上的尊重。爱一个人也是爱一份生活，仅仅因为某种需要产生的爱未必能承担爱的责任。如果只是因为大学生活的孤单与寂寞，需要异性的呵护，需要被关爱，需要消磨业余时间，从而产生所谓的爱，都不会是真正的爱情。因为处于这样“恋爱”阶段的人不在乎明天，只关注此刻的感受，这对爱情本身的伤害是严重的。一个从不考虑未来生活的人的恋爱注定没有结果；同样，缺乏责任感的爱情没有坚实的土壤也不可能枝繁叶茂。而真正的爱所包含的尊重就是努力使对方能够成长和发展自己，而非剥夺；是在自己成长为橡树的同时，看到和帮助对方成长为一棵木棉；是让爱的人以他自己的方式和为了自己而成长，而不是服务于自己。如果爱他人，就应该接受他本来的面目，而不是要求他成为我们希望的那样，以便使我们把他当作使用的对象。我们只有自己独立，在没有外援的情况下也能独立地走自己的路时，才能被尊重。

爱是能力。对自己的生活、幸福、成长及自由的肯定是以爱的能力为基础的，要看你有没有能力关怀人、尊重人，有无责任心了解人，利己者没有爱别人的能力。爱的能力不是与生俱来的，也非随着生理成熟

你的所有祝福
我会努力实现

自然形成，而是在社会生活中逐渐成长起来的。这种能力包括施爱的能力、接受爱的能力与自我成长的能力。有人说："好男人是一所好学校，好女人也是一所好学校，由两性构成的学校促使男人与女人共同学习，共同进步。"爱的能力要求恋爱的人始终保持高度的理性，而非仅仅随着感觉走。

爱是创造。有人说，爱情具有的魔力，能够使人开创一个新的自我。爱情是神奇的，爱情不仅能够创造新的生命，而且真正的爱情对恋爱双方都是一个新的创造，它净化我们的灵魂，鼓舞着我们为挚爱的人奋斗进取，也创造着两人美好的明天。

2. 什么不是爱情

几乎所有的大学生都能背诵《大话西游》中那段经典的台词："曾经有一份真实的爱情摆在我的面前，我没有珍惜，等它失去时我才追悔莫及，人世间最痛苦的事莫过于此。如果上天能够给我一个再来一次的机会，我一定要对你说'我爱你！'如果非要给这份爱情加上一个期限，我希望是一万年！"这是大学生心中的理想爱情。但是，理想并不等于现实，当大学生心中的理想之爱最终注定只能是空想时，这种爱就会化作烟雨，一切都将随风而逝，留给当事人的只能是无尽的遗憾、懊恼与失落。因此，大学生需要澄清什么不是爱情。

(1) 偶像化的爱情。缺乏自我知觉的人，倾向于把自己所爱的人"神化"，他将自己的力量异化，并把自己的力量反射到他爱的人身上。在这一过程中，人失去了对自己力量的觉悟，在被爱者身上失去了自己，而不是找到自己。从长远的观点看，没有一个人能完全符合崇拜者的心愿，因此，不可避免地会出现失望，而解决这一问题的方法是寻找新偶像——这种偶像式的爱情最初的体验是强烈性与突发性。这种爱常常被看作真正的、伟大的爱情。而恰恰是这种所谓的强烈性和深度表现了那些恋爱者的饥渴和孤独。

(2) 完美的爱情。这种爱情的本质只能存在于想象之中，其而不是存在于同另一个人实实在在的结合之中，其往往是用代用品使自己满足，将现时推移至过去。我们常常将恋爱的对方想象得极其完美，特别是校园爱情被称为“真空爱情”或“玻璃爱情”，就是因为大学生扩大了爱情的完美性而忽视了其现实性。当真实的生活摆在面前时，大学生的爱情就会显得脆弱不堪，因为完美本身拒绝缺点。

(3) 投射的“爱”。当恋爱失败或受挫后，将注意力放到“所爱者”的错误和缺点上，对他人细微错误的反应十分灵敏，而对自己的问题与弱点却不闻不问。他们考虑更多的是如何指责或者教育对方。那么，二者之间的爱情关系就成为相互投射。事实上，当恋爱受挫后，当事人需要认真反思自我，而非投射。

(4) 爱情的非理性观念。很多人认为，爱情意味着甜蜜，意味着没有冲突。事实上，恋人之间的相互冲突会带来净化，会带来心灵的沟通与理解。关于爱情的非理性观念主要有以下十类：①没有爱情的大学生活是失败的；②爱情是可以靠努力争取到的，即付出总有回报；③爱不需要理由；④因为相爱而发生的性关系无可非议；⑤恋人是完美的，爱情是至高无上的；⑥爱是缘分也是感觉；⑦不在乎天长地久，只在乎曾经拥有；⑧爱情重在过程而不在结果；⑨爱情能够改变对方；⑩失恋是人生重大的失败。由于受非理性观念的影响，部分大学生将恋爱置于其他重要人生任务比如学业之上，甚至因为恋爱而荒废了学业。有的学生坚信爱情中只要付出就一定会有回报，做爱情的守望者，耐心地等待，有的甚至采取极端举措。

爱情的非理性观念影响着他们的人生选择，笔者经常在咨询中听到学生讲："我一直在努力，为什么得不到她的爱？我的爱可以感动神灵，唯独不能令她感动。"还有单相思的学生说："我只是默默地爱他，我不在乎他是否在乎我。""为什么随着交往的深入，我发现他不是我生命中等候的人？"这些都是受到自己头脑中非理性观念的影响。

（5）产生于孤独无助时的爱恋。爱情产生于何时？我们无法精确计算。但很多悲剧产生于开始，因为开始本身就意味着错误。特别是大学新生，来到陌生的城市，面对陌生的环境，显得无助与孤独。此时，可能一声问候、一束鲜花就会令孤独无助的你感动至极。要记住：在孤独无助时，更需要广泛的社会支持，要关注的更多的是友情而不一定是爱情。

3. 身处爱情的你我

伊莱恩·哈特菲尔德和埃伦·贝尔谢德是心理学界研究爱情领域的先驱者，他们认为，人们的浪漫关系有两类特征——激情之爱和伴侣之爱。激情之爱是指完全地沉迷于对方，包含着强烈的情绪，常常在正向情绪和负向情绪之间大起大落；伴侣之爱是指一种温暖、信任、宽容的喜爱之情，此时，对方的生活已经深深地融入自己的生活。人们的浪漫关系是可以两者并存的，但可能二者到来的时间和次序会有所不同。

那身处于爱情中的同学们又会有哪些不一样的状态呢？辛迪·哈赞与菲利普·谢弗提出了爱情中的个体不同的三种依恋模式：安全型依恋、焦虑-矛盾型依恋和回避型依恋。安全型的成人在人群中所占比例最高，表现为容易与人接近，并将自己的恋爱关系描述为值得信任的状态，很少担心自己会被抛弃；焦虑-矛盾型的成人表现为对爱情常常有着被拒绝的担忧，并认为自己的恋爱关系是反复无常的，常常伴有显著的嫉妒；回避型的成人难以与人接近，并感觉自己的恋爱关系缺乏亲密与信任。还记得我们在学习自我觉知部分时探索自我的方法吗？如果有兴趣，也可以静下来感知一下自己在恋爱关系中的状态以及对爱情的期待。

4. 网络时代的亲密关系

身处万物互联时代的当代学生与前几代人相比有着很多不一样的生活状态。网络极大地拓展了大家认识并发展亲密关系的机会。心理学的研究表明，恋爱中的相似性效应更有可能发生，也就是我们更有可能被与我们相似的人吸引。而互联网所提供的世界可以帮助我们找到与我们有着一定的相似性，能彼此欣赏与吸引的人。当然，也会有很多人担心网络社交很肤浅，缺乏考验，但有研究者发现，很多网络交往最终也都发展为面对面交往，而且恋爱关系也可以持续地稳定下去。

（二）如何建立良好的亲密关系

1. 学会爱自己

一个自爱的人是自知的，一个心理成熟的人是自然而坦然地表达自我的。自爱是要成为你自己，而非通过爱情变成他人。“自己若是世界上最好的李子，而你所爱的人却不喜欢李子，那时你可以选择变成杏树。不过经过选择变成的杏子，是次等品质的杏子，只有做原来的李树，才能结出好的果子。如果你甘愿变成次等的杏子，而爱你的人喜欢上等的杏子，你就可能被抛弃，于是只有倾心全力使自己变成最好的杏子或者找回做李子的感觉。”世界上没有两片相同的叶子，更何况人呢？个体正因为其差异性才构成色彩缤纷的世界。

首先，爱自己需要正确的自我认知。特别是女性，更要积极地关注恋爱中的自我，有人说“恋爱损伤女性的大脑，降低判断力”，事实上，恋爱特别是热恋中的男女都会将恋人“理想化”，因为在热恋中快乐与痛苦的心理感受都是放大了的。比如，当处于热恋中时，认为自己是世界上最幸福的人，而失恋后便认为自己是世界上最痛苦的人。固然，恋爱双方强烈而丰富、敏感而不稳定的感情并非异常，但如果陷入情感的幻想中，自我判断、自我评价与自我意识都会发生偏差，有的因为恋爱失去了自我，有的因为恋爱更加自恋，有的因为恋爱更加成熟，其中的差异在于个体对自我的认知。

其次，爱自己要学会珍惜自己的感情，尊重自己的感情。韩国电影《我的野蛮女友》的主角，靠身体的对抗与争执赢得爱情，受到大学生的喜欢。但是，时尚的未必是永恒的，也未必是正确的。大学时期的感情纯洁、真诚，这也是将来幸福生活的基础。有的同学因为恋爱而放纵自己的感情，甚至本不是爱情，仅仅为了满足自己生理与心理甚至物质的需求，用青春与爱情赌明天，都不是珍惜感情的体现。

再次，爱自己要学会说“不”。特别是在热恋时，要控制爱情的温度，使个人生活更加严谨也是爱自己的重要方面。1994年，美国青年发表了“真爱要等待”的宣言——本着真爱要等待的信念，我愿意对我自己、我的家庭、我的异性朋友、我未来的伴侣及我未来的子女，有一个誓约：保证我的贞洁，一直到我进入婚约的那天为止。

最后，爱自己也包含对自己负责。恋爱不是为了让我们放弃自我，而是学会更加负责地生活。这当然也包括失恋后的自爱。一个人只有本着对自己高度负责的态度学习、生活，才能处理好恋爱中的自我与他人、现在与未来、学业与爱情等关系。爱不仅是情人节的玫瑰，也不只是每日的相伴，更是守望的美丽与对彼此生命负责的人生态度。

2. 学会爱他人

爱自己和爱他人是密不可分的。人们只有认识对方、了解对方，才能尊重对方。我们只有用他人的目光看待他人，而把对自己的兴趣退居二位，才能了解对方。爱他人不是无我状态，按照对方的要求来塑造自己，也不是将你爱的人塑造成你所喜欢的人。爱他人应该包括以下几个方面。

首先，尊重你爱的人。恋爱既是两人心灵的共鸣，又是自我成长，是为了使双方积极的潜能发挥出来，而非按照某种愿望或标准塑造对方，使其成为你希望的那样。事实上，每一份爱情都包含着期待效应，对方都在向着彼此喜欢的方向发展。这就要求你更加尊重你所爱的人，让对方在爱的港湾中自由发展，以他喜欢的方式发展自我。

其次，帮助对方积极发展自我。恋爱唤醒沉睡的心灵，积极的恋爱使个体潜在的心理能量得以释放，为所爱的人努力；爱也是积极向上的精神力量，催促着相爱的两个人向着更好的自我发展，更加努力地自我完善、自我发展，而非自我束缚、自我放纵。重要的是将爱情引向积极的有利于人类发展的方向。

看到你幸福的样子
于是幸福着你的幸福

最后，共同创造美好未来。真正的爱是内在创造力的表现，包括关怀、尊重、责任心、了解等，爱不是一种消极的冲动，而是积极追求被爱人的发展和幸福，共同创造美好未来。

3. 真诚地对待爱情

真正的爱情是幸福的。大学校园中的爱情纯洁，让人怀念。无论是最终组建了家庭的圆满，还是走向青春电影式的遗憾的结尾，都是人一生中最值得留恋的回忆。其中，真诚是这一切的基础。很多大学生朋友对待爱情是草率的，还没有经过深思熟虑，就跌入所谓的爱情当中了。有的是因为分不清到底是爱情还是友情，有的是为了排解大学生活的寂寞，有的是为了找个学习上的老师、生活上的保姆，还有的是为了寻求肉体上的欢娱……爱情会让人成熟，但是，爱情也会造成情感上的伤害，甚至会影响人的一生。所以，在爱之前，你要思考这样几个问题："我是否懂得爱自己？""我是否懂得爱别人？""我是否肯为双方负责？""我与对方是否有良好的感情基础？""我希望在进一步发展的关系中得到什么？"弄清楚这些问题，你就不会迷惑，不会轻言爱情。你要学习懂得付出爱，懂得为他人负责，在爱情中做一个品德高尚的人，以真正收获大学生活中甚至一生中最刻骨铭心的爱情。

4. 正确处理爱情与学业的关系

大学校园中的恋人形形色色，有的终日卿卿我我，沉浸在吃喝享乐中，有的互敬互重，出入自习教室和工作中。谈恋爱并不可怕，重要的是要处理好爱情和学业的关系。大学是人生的重要旅程，我们要学会规划好自己的人生，做人也好，做事也好，都要懂得向前看，不能仅做井底之蛙，贪图眼前的快乐和蝇头小利。

5. 不要因为爱情而远离了集体

很多大学生坠入爱河后就远离了集体，他们成双入对，不再参加社会工作，不再参加集体活动，与其他人形同陌路，大学四年好像只是彼此相互熟悉的时间，毕业后也很难有同学想起他们。如果是这样的恋爱，可谓得不偿失。“恰同学少年，风华正茂，指点江山，激扬文字”，这是多么美好的大学生活呀！在大学里，你们共同探讨学术问题，共同组织文体活动，共同谈论今朝往昔，共同分享成长的辛酸苦辣，共同体会成功和失败，共同拥有许许多多美好的回忆。如果仅仅局限于二人世界，会让你丧失结交好友的机会，丧失锻炼个人能力的舞台。所以，如果你正在谈恋爱，请将小爱变为大爱，把在爱中的活力、能力和幸福传递给更多的人。要有意识地多与朋友相处，多参加社会工作，多享受集体带给你的乐趣，不要因为爱情而远离了集体。

（三）亲密关系的维持

亲密关系，尤其是爱情与婚姻的维持受许多因素的影响，较为重要的因素有以下五个方面。

1. 平等

平等是亲密关系维持的重要条件之一。按照公平理论（equity theory），在任何形式的人际关系中，人们的付出应该与其收益成正比。比如，在爱情与婚姻等亲密关系中，人们并不是以最小的付出换取最大的收益，而是追求一种大致的平等，付出多少，得到多少。

2. 归因

决定人们对亲密关系是否满意的另一个因素是人们对事件的解释方式。Bradbury 等人发现，幸福的夫妻经常做强化对方式的归因（partner-enhancing attributions），即把对方良好的行为归结为对方的内在原因，而把对方不好的行为归结到情境中去。相反，不幸福的夫妻经常做抑郁式归因（distress-maintaining attributions），把对方良好的行为看成是幸运，而把其不好的行为归于人格特质。

3. 沟通

除了由不平等诱发的紧张和消极的归因倾向，夫妻或其他形式的亲密关系出现问题的另一个原因就是缺乏沟通。Halford 等人发现，走向破裂的夫妻经常不能或不愿意向对方表达负性的情绪，即懒得与对方沟通。在一项长达四年的夫妻关系研究中，John Gottman 和 Robert Levenson 发现，在最终破裂的婚姻中，往往包含着许多埋怨，并且对对方的关怀置之不理。双方在交往的时候也往往陷入消极交互作用圈（negative reciprocity cycle），双方积极的行为被忽略，而消极的行为被夸大。

幸福的夫妻常常也通过与对方的争论来理解对方的观点，心理学家 Davis 把这种心理状态叫作摆观点（perspective-taking），它对维持亲密关系的健康极为重要。在争论当中，女性比男性在摆观点、情绪敏感性及自我展露等方面更为投入。也正是这些争论使得夫妻双方更为了解对方。

当然，沟通促进理解的前提是采取良性的沟通，而不是互相宣泄与指责。在《非暴力沟通》一书中，作者马歇尔·卢森堡指出，我们要学会区分评论和观察，多讲看到的现实情况，少一些自己的评价（试着看一下“你总是忽视我”和“在最近几次讲话中，我说的几个点你都没有回应”这两句话的区别）；要多一些倾听，学会表达自己的感受；多表达感激，少一些指责和“教师爷”的指导，把沟通变成走进彼此的窗户，而不是竖立在双方关系中的一堵墙。

4. 嫉妒

Hupka认为，嫉妒是指当与个体自我概念有关的重要关系受到真实或想象的威胁时，个体产生的一种消极的情绪反应。嫉妒涉及的范围很广，包括对他人的地位、工作、爱好、女友或男友，甚至穿衣打扮。在亲密关系中，嫉妒一方面是浪漫爱情健康的标志，它实际上反映了个体对这种关系的依赖性；另一方面，嫉妒也常常引发消极的情绪和行为，当这些消极情绪积累起来，有时是很可怕的事情。

尽管嫉妒具有消极的一面，但在爱情关系中，有时候一方会故意引发对方的嫉妒心理。White通过调查发现，1/3的女大学生和1/5的男大学生会向自己的伴侣炫耀自己以前的情人，以激起对方的嫉妒，从而使他们之间的关系更加密切。在恋爱关系中，嫉妒倾向高的人往往是感情投入大的一方。然而，在许多情况下，这种嫉妒的结果是使关系受到损害，而无助于两个人关系的增进。

为了帮助人们控制自己的嫉妒心理，Gregory White和Therese Helbick 开发了一个针对夫妻的嫉妒的控制培训程序。该程序需要两天时间，它的目标有五个：①通过教育让夫妻双方明白嫉妒的原因和结果；②帮助夫妻双方提高他们的沟通与协商技巧；③帮助双方认识和评价解决冲突的有效方法；④帮助夫妻双方设计更有建设性的应对策略；⑤增加双方讨论寻求咨询的可能性。

5. 亲密关系的终结

尽管人们喜欢与他人建立并维持亲密关系，但实际上并非所有的亲密关系都以圆满结束。在我们的周围，许多亲密关系会在发展的不同阶段出现破裂。

（1）如何对待不满？Caryl Rusbult 指出，当人们之间的亲密关系失去其价值的时候，人们往往采取四种不同的对待方式，这四种对策与人们对这种关系的满意与承诺水平有关。满意感越高，承诺越大，则这种关系越难以终止。这四种对策如下。

●真诚（loyalty）：表现为被动地去弥合双方出现的裂痕，采用这种策略的人由于害怕对方的拒绝行为，所以很少说话，往往是耐心地等待、祈求，希望自己的真诚能使对方回心转意。

●忽视（neglect）：这是许多男性经常采用的一种消极策略，他们故意忽略对方，与对方在一起的时候经常在一些与所探讨问题无关的话题上挑剔对方的缺点，这种策略经常被那些不知如何处理自己的消极情绪，或不想改善但也不想终止这种关系的人使用。

●退出（exit）：当人们认为没有必要挽回这种关系的时候，人们常常用这种方式。它是一种主动的、破坏性的策略。

●表达（voice）：双方讨论所遇到的问题、寻求妥协并尽力维持亲密关系，这是一种主动的、建设性的方式。

（2）情感伤痛。亲密关系的破裂往往会给双方造成情感上的伤害，心理学家发现，在这种情况出现的时候，女性比男性更可能希望赶快终止与异性的关系。对男女双方来说，当爱情与友情一旦成为往事的时候，他们都要经历情感上的伤痛。

有一项因素对双方伤痛程度有影响，就是在关系的结束是由谁先提出来的。Hill等人发现，一般来说，先提出结束关系的一方痛苦少一些，但是，这种效应在男性身上表现得更明显（Helgeson，1994）。另外，在恋爱关系中如果遭到拒绝，男性比女性更容易感到紧张和痛苦，对此的解释有两个：①从传统性别角色的角度讲，男性被看成控制和权力的中心，因此，当这种关系破裂的主动权被女性所控制的时候，男性会体验到较高的对自尊的威胁和情绪紧张。②由于男性在恋爱中往往只对一个人专一，就如同把所有的鸡蛋放在一个篮子中，当这个篮子被打破的时候，男性受的损失与伤害更大。

为了应付这种伤害，男性和女性经常用自我安慰的话语来平息自己的伤痛，比如他们经常说“我总算摆脱那个恶魔了”等。有时候人们还会借助体力活动来分散自己的注意，女性经常会通过哭、把事情告诉朋友、读书及咨询等方式缓解由此带来的压力。

(3) 社会支持。当恋爱等亲密关系破裂的时候，人们经常通过寻求社会支持来减轻压力。社会支持，是指人们感受到的来自他人的关心和支持（Raschke，1977）。社会支持的来源不仅包括家人、朋友、同事等，也可能来自与我们关系一般的其他人，甚至陌生人，而支持的形式既可能是情绪上的，也可能是物质援助。心理学家 Gore 和 Thoits 认为，当人们失去亲密关系的时候，家庭和朋友的社会支持往往会成为应付紧张的缓冲器。

回到前文我们提到的哈佛实验，当我们的人生走到最终阶段的时候，我们身边良好的人际关系——亲情、友情、爱情，都会成为我们保有幸福感受的重要因素。而关于幸福的课，我想在人际互动中可以给予我们的启发就是：我们的幸福是在付出与分享、帮助他人、成就他者的过程中感受到的。幸福不是一个长在远方山上的一个果实，而是我们旅途中左右为伴的花花草草，是时时刻刻可以听闻的鸟语花香。感知幸福，需要我们有爱的能力，有开放的勇气和奋斗的力量，当然，也离不开我们下面要讨论的保持积极的生活心态。

第六章　幸福的阶梯：积极的生活态度

幸福和美好未来不会自己出现
成功属于勇毅而笃行的人

你的生活并非全数由生命所发生的事情来决定，而是由你自己面对生命的态度与你的心灵看待事情的态度来决定。

——米勒（John Homer Miller）

高考前那段“煎熬”的日子里，或许是我们对大学的某种憧憬作为精神动力令我们不断前行。或许以为大学里可以在落日余晖的林荫道上轻松地徜徉，却发现大学的功课并没有想象中那般轻松，高中的课沉闷单调，大学的学科却让人应接不暇，疲于应对；或许以为大学里传承学术薪火的大师们能成为自己传道授业、指引人生的良师益友，却发现讲台上的老师虽口若悬河却行色匆匆，还没来得及记住他说的那些名词却已到了复习备考的时候（又何曾奢望老师记住我们的名字）；或许以为大学里林林总总的学生社团能让自己拓宽视野，淬炼能力，却发现很多组织虚有其名，甚至还有工作上的一些不良风气，同理想的舞台相去甚远。虽然我们迈进了大学的校门，却有可能不是我们曾经钟情的大学；虽然我们选择了专业，却有可能不是我们自己的意愿。在工作的实践中，我们发现，这些都是不少同学深为苦恼的现实问题。他们一再感叹自己与所喜欢的专业或者所向往的大学擦肩而过。伴着失望，带着遗憾，他们在入学伊始就泯灭了志趣和理想，失去了斗志和进取精神，觉得所在的学校或专业都不遂人意，从此一蹶不振，放弃努力，甚至有个别同学因此产生了网络依赖，最终休学甚至退学。现在，越来越多的大学正在淡化专业界限，并为大学生创造更多调整专业的机会。不少高校都在学生进校或者一年之后给学生重新选择专业的机会，比例在 5%～15%。

也有这样一批大学生，在通过艰苦卓绝的努力实现了中学时唯一目标——考入大学后，目标突然消失，原来高度集中、紧张的神经一下子松弛下来。过去的一切奋斗都是为了实现大学梦想这样一个单一的目标，而现在身在大学，又将向何处奋斗呢？确立怎样的方向和目标才是通往成才的道路呢？目标的不明确导致了严重的失落、迷茫、寂寞和无所适从。

当然，诱发消极学习态度的原因还不仅仅局限于上面的列述。诚然，高考志愿或是专业的不尽如人意、大学的现实与憧憬的落差、人生目标暂时的迷茫等所引起的颓废的学习态度是具有相当代表性的现象，无可厚非。因为每个人都希望做自己感兴趣的事情，每个人都希望有理想与现实的完美统一。然而，愿望终归还是需要亲自实践来实现。

态度是我们借助期望与信念看待世界和自身的方法，关于态度的话题很多，很多人都觉得态度是个深奥又浅显、复杂又单纯的话题。事实上，态度确实是一种奇妙的东西，它会产生神奇的力量。美国哈佛大学的一项实验证实了态度的魔力。

若干年前，罗伯特博士在哈佛大学主持一项为期六周的老鼠通过迷阵吃干酪的实验，其对象是三组学生与三组老鼠。

他对第一组学生说："你们太幸运了，因为你们将跟一群天才老鼠在一起。这群聪明的老鼠将迅速通过迷阵抵达终点，然后吃许多干酪，所以你们必须多准备些干酪放在终点站。"

他对第二组学生说："你们将跟一群普通的老鼠在一起。这群平庸的老鼠最后还是会通过迷阵抵达终点，然后吃一些干酪。因为它们智能平平，所以期望不要太高。"

他对第三组学生说："很抱歉，你们将跟一群笨老鼠在一起。这群笨老鼠的表现会很差，不太可能通过迷阵到达终点，因此，你们根本不用准备干酪。"

六个星期之后，实验结果出来了。天才老鼠迅速通过迷阵，很快就抵达终点；普通老鼠也到达终点，不过速度很慢；至于愚笨的老鼠，只有一只老鼠通过迷阵，抵达终点。

有趣的是，其实根本没有什么天才老鼠与愚笨老鼠，它们是同一窝普通老鼠。这些老鼠之所以表现出天壤之别，完全是因为实验的学生受了罗伯特博士的影响，对它们态度的不同所产生的结果，学生当然不懂老鼠的语言，然而老鼠知道学生对它们的态度。

这个实验证明了态度的神奇力量。

态度，也是决定我们一生成功或失败的重要因素。我们的态度便是我们接近人生的方法，有时候，你用什么态度去面对你的人生，你就会有什么样的人生。

弗兰克尔博士是在第二次世界大战中，被纳粹关入集中营的一个犹太人。希特勒政权夺走了他所有的一切，在残酷与苦难里，他立志要找到一样东西——纳粹无法夺走，又可以支撑他的求生意志。最后，他找到了，那就是他还有选择自己态度的能力。不论情况多么险恶，没有人可以夺去他选择自己态度的能力。后来，他不仅熬过了集中营中的非人生活，还成为世界最受推崇的精神科医生，帮助许多要放弃生命的人重拾求生意志。他帮助这些人看见他们仍然有选择的机会，并且在这些选择里，他们能够找到人生的新意义。

无论遭遇何事，人都有选择自己态度的能力，弗兰克尔将它称为“人类最后的自由”。弗兰克尔说：“人所有的一切都可以被夺走，除了一件东西，就是在任何情况下，选择自己的态度与道路的自由。”他认为，我们可以指挥自己的思想让它为我们服务，或是让它拆我们的后台。思想可以成为我们最好的朋友，也可以变成我们最坏的敌人。思想可以为我们装备积极的人生观，使我们有吸引力，增加我们成功的概率；但它也可以制造负面的人生观，使我们令人生厌，降低我们成功的概率。

我们在这里将选择积极的生活态度，把它看作是攀登幸福的阶梯，其意义也在于此。而生活态度的形成，也并非一朝一夕可至，正如文化的累积，是需要经年累月的沉淀的。

一、用开放的心来思考

荷尔（Erwin G. Hall）说，开放的心是自我发现与成长的开始，在我们承认自己并不知道一切之前，是不会学到新东西的。还记得大学时一位教授所说的话：“一个开放的心是一种态度，许多年轻人都有个通病，就是只学了一点点，却自以为已经学了一切。他们的心关闭起来，再没有东西进得去，他们自以为是万事通，而这也可能成为你们所会犯的最严重错误。”开放的心不等于简单的头脑，心灵开放是一种态度，是一切学问与自我成长的关键。我们的知识越多，越明了自己知道的太少，这就是心灵开放。由此，我们可以看见事情的全面，从而越来越会体谅别人，也越来越认识到自己的有限。

二、为你自己思考

让别人为我们思考的生活十分容易，就像加入一个大圆圈，跟随另一个跟随者，往不知名的地方前进。“我思，故我在”是笛卡尔最有名的一句话。思想是人本身最重要的东西，一个没有思想的人，就如同行尸走肉一般，失去了生存的意义，笛卡尔在抽象层次上说出了思想才是人类存在的依据。做一个有思想的人，才能获得人格意义上的独立，才不会依附于别人，才能选择我们的信仰、价值观，以及其他事情。

在这个世界上，有思想、会思考是成功人士与一般人最大的区别。思想，就像一个隐藏在人的头脑中的宇宙，蕴含无穷的力量。思考是人类进步的原动力，也是创新的源泉。思考是一种尝试解决问题的努力，也是突破既有框架的唯一法则。一个有思想的人与其他人的主要区别就在于其经常思考。遇到问题或迷惑时，不是完全依赖别人的决策，或者向书本和陈规索要答案，而是在“听人说”和“看书”的基础上，通过自己的思考来辨别真假。同时，在这个过程中，又学会了新的知识。

缺乏思考，所有事物都只是惯性，不具备任何意义。人们在缺乏思考的环境中待久了，就容易失去方向，在相同的问题里打转，难以抽离。因此，不管工作多忙、多累，都试着每天给自己一些时间思考。思考需要一种心境，也需要一种环境。

当你觉得需要思考的时候，找一个足以与自己对话的环境，可能是热闹街角的咖啡座，也可能是深山里的一座古寺；可能是绿草如茵的山坡，也可能是海浪拍岸的沙滩；可能是旭日初升的晨曦，也可能是夕阳西挂的黄昏。暂时忘掉你身边的人、事、物，仿佛置身于只有你一个人存在的宇宙，倾听自己内心的声音。可以给自己提出以下问题。

自己快乐吗？为何不快乐？

沮丧吗？又为何会沮丧？

做错了什么事？如何善后？

满意自己的现状吗？又为什么不满意？

你需要什么样的人生？

你还缺少什么样的努力或条件？

你的人际关系好吗？该如何修补关系？

你当下应该做的最重要的事情是什么？

在一连串的自我对话中，你会逐渐澄清自己的思维，梳理自己的思考脉络，为自己的问题找到答案，为自己许下的诺言制订行动方案。此外，思考也是一种操练，如果不经过反复练习，思考也容易僵化。不断地提醒自己，学习抽离自身所处的环境，提高层次去思考真正的问题核心，你会发现，原先的问题好像不那么棘手，凡事都有解决的方案。人要学习在沮丧失志的时刻鼓励自己，放下烦恼，用心思考，为自己寻找出路。

懂得思考，人类才懂得如何抉择。倾听灵魂深处最深刻的需要，才是真正的思考。此时，你会发现自己每天都在进步，且生活在无穷的希

在没有更好的选择之前
现状就是最好的选择

望当中，地球就像为你而转动。

三、建设性思考

积极的思考有效吗？不见得。不过，它比消极的思考有效多了。积极思考有它的优点，但是，对大多数人来说，它其实只是“愿望式”思想，这就是它有时会失效的原因。积极思考必须附带真诚的“相信”，“相信”是一个比积极思考更深切的心灵与精神上的过程。成功者不是“想”自己会成功，而是“相信”自己会成功。这个“相信”并不是由几个孤立的积极思考组合而成，而是逐渐发展成形，自我建立，最后变成一种生活的方式。爱迪生曾告诉一名记者，他已进行 5000 次实验。记者不解，于是问道：“你是说你犯了 5000 次错误吗？”“不，不，”爱迪生回答道，“我成功地发现了 5000 种行不通的办法。”无为的态度与有为的行动加以结合，便产生了创新的力量，持无为的态度者有之，持有为的行动者有之，二者兼而有之者则罕见。

建设性思考看起来与积极思考有些类似，前者略胜一筹，在于它考虑到没有人可以百分之百地拥有积极思考，也察觉到消极思考的力量，却不让消极思考把自己拖下水。建设性思考者训练自己，选择那些培养个性且导向个人成功的思考方向。

近年来，有人把人的心灵比喻为计算机，计算机程序设计师有一个说法，叫作 GIGO，就是“输进垃圾，输出垃圾”。心灵也是这样运作的，我们必须给予它有用的信息之后，才能使它充分发挥功效。了解了这一点，我们谨慎地选择输入、输出自己心灵的信息。选择的能力，尤其是选择态度的能力，是我们成功首要的资源。当发现我们拥有抉择的机会时，就是更美好生活的起点。我们拥有比想象更多的抉择，如果我们自己不做选择，别人或别的事情就会为我们做抉择。

看待人生的一个方法就是把它当成一连串的选择。从早上起床到晚上入睡，我们都在做选择。没有人可以把它从我们的手中夺去。我们能够在自己希望的时刻改变人生的方向，我们可以说自己必须做某件事，或说是不得已才做，不过，事实却是我们先抉择再做事，这是一个单纯却宝贵的发现。因为一旦我们明白自己是依靠抉择做事，就会开始接受生命更大的责任，而且更有效地掌握自己的人生，我们的确是自己抉择的结果。我们没办法选择要不要来到人世间，也没办法选择哪一天离开。不过，在生与死之间，人生给了我们太多的选择。

我们可以自由选择要变成什么样的人。我们可以让别人与环境来塑造自己，也可以致力于自我的发展；我们可以选择不发挥自己所能，也可以选择发挥自己所能。

我们可以自由选择自己的信仰和价值观。

我们可以自由选择如何对待别人，是要奚落别人，还是鼓励别人。我们可以选择以自我为中心，不体谅别人；也可以选择彬彬有礼，亲切，乐于助人。

我们可以自由选择如何面对困难，是要让自己被它打败、自我放弃、自怨自艾，还是选择找寻内在力量的源头，坚持到底并全力以赴。

我们可以自由选择自己的目标，是要漫无目的地四处游荡，或是要追寻人生的意义并依据这个意义生活。这个目标帮助我们更充分认识且珍惜人生。

不论环境如何，我们都可以自由选择我们的态度。这是我们所做的选择中最重要的一项，因为这个选择将影响我们所做的每件事情。

四、心流：一种理想的心理健康状态

“心流”一词是由积极心理学奠基人、美国心理学家米哈里·契克森米哈赖（Mihaly Csikszentmihalyi）在综合大量案例研究的基础上开创性地提出的。他认为，心流是一种将个体的注意力完全投注在正在从事的某种活动上的感觉，在产生心流的同时，个体往往会伴随着高度的兴奋感和充实感。

想象一下自己正在专注地做一件事，全身、全心、全情地投入。在这期间，你忘却了时间，时空仿佛已经停止，此刻的你跟所做的事情已经完全融为一体，这种特殊的“忘我”状态可以给你我的生命带来强烈的快乐和幸福感。

米哈里教授曾经表示，心流与中国传统文化中道家所说的“无为而为”非常相似，有着特殊的联系。“心”的功夫在中国文化中一直是个体修身养性、追求境界的重要手段。庄子说：“圣人无情。”王夫之对此注解道：圣人并非无情，而是心境通达，只是能做到不为情所累而已。要成为一个有着理想心理健康状态的人，或许我们需要且能够做到的就是让我们的心流动起来，而不是囿于一时一地。

同样地，在心理学领域也有着诸多围绕着“心”的理想状态建构的讨论。美国著名的人本主义心理学家马斯洛曾说：“心若改变，你的态度就跟着改变。态度改变，你的习惯就跟着改变。习惯改变，你的性格就跟着改变。性格改变，你的人生就跟着改变。”

马斯洛将他研究的杰出人物称为“自我实现”的人（也称“自我实现者”），他认为，“自我实现只能出现在年龄大一些的人身上。它往往被视为事物的终极状态，被视为远大的目标，而不是一个活跃于一生的动态过程，它是一种存在，而不是一种演变”，也就是说，大多数人不是静态的，而是发展着的，他们正在走向成熟。实践的过程意味着发展或发现真实的自我，发展现有的或潜在的能力。

自我实现者往往比大多数人更为轻而易举地辨别新颖的、具体的、独特的东西，他们更多地生活在自然的真实世界中，而非生活在一堆人造的概念、抽象物、期望、渴望与陈规中，大多数人将这些东西与真实的世界混淆。因此，自我实现者更倾向于领悟实际的存在，而非他们自己或所属文化群的愿望、希望、恐惧、焦虑及理论或者信仰，赫伯特·米德非常透彻地称此为“明净的眼睛”。

正如爱因斯坦所说：“我们能够体验的最美的事物是神秘的事物，

它是一切艺术和科学的源泉。”在这里，决定的因素是智慧的力量，发现我们生活的世界，发现并感受一切的美好。对于健康人而言，未知的事物未必可怕，他们不会否认或忽视未知事物，不回避它们或自欺欺人地把它们看成已知的事物，他们也不急于整理未知的事物，过早地分类和成规化。例如，怀疑、试验、不确定以及因此产生的延迟做决定的必要性，虽然对许多人是一种挫折，但对于能够感受美好的你我而言是一个令人愉快且富有刺激性的挑战。

（一）对自我、他人和自然的接受

我们要坦然地接受自己，悦纳自我，同时毫不懊悔、抱怨。尽管自己的人性有弱点，与理想有种种距离，但我们仍可以从本质上去接受而不感到忧虑。我们能够以一个人在接受自然特性时所持的那种毫不置疑的态度来接受脆弱、过失、弱点及人生的另一面。要接受人性的本来面目不一定是我们希望中的人性这一事实，因而我们的眼睛不应该为各种“有色眼镜”所累，从而歪曲、改变或粉饰所见的事实。

自我接受是在各个层次都能接受自己，如爱、安全、归属、荣誉、自尊等，这一切都值得花时间和精力去获得，学会接受自然的作用而非愤愤不平。

自我接受与接受他人紧密相关，体现在两个方面：①没有防御性，没有保护色或伪装；②能与自己的缺点和平共处，那么，缺点在以后的生活中会使人觉得根本就不是缺点，而只是中性的个人特点。

（二）自然地表达自己

与为匮乏性的基本需要得到满足而奋斗不同，自然地表达自己的背后动机是发展个性、表现个性，更加成熟、自信、自然地表达自己的内心。

（三）以问题为中心

学会将注意力集中在我们自身以外的问题上，以问题为中心而非以自我为中心。自我实现者通常有一些人生的使命，一些有待完成的任务，一些需要付出大量精力的身外问题。有些任务未必是他们喜欢或自己选择的，而可能是他们所感到的责任与义务。一般而言，这些任务是非个人的、不自私的，更确切地说，与人类的利益有关。超越琐事，视野开阔，见识广博，在更加广阔的参照系与笼罩在永恒的气氛中发现社会与人际关系的意义，这样的生活大

度仿佛传播了一种宁静感，摆脱了对紧迫事务的焦虑，而使得生活不仅对自己而且对那些与之相关的人变得轻松，对日常生活的每个领域都具有意义。

（四）超然独立的特性，离群独处的需要

学习独处的能力。自我实现者可以离群独处，而且不会使自己感到不舒适，他们常常可以超然于物外，泰然自若地保持平静，而不受那些在其他人那里会引起不安的事情的影响，他们对待个人的不幸也不像一般人那样强烈。这种超然独立也许与其他某些品质有关。自我实现者最值得认可的品质是他们比一般人更客观，具有高度集中注意的能力，例如，当面对难题、焦虑、责任时，仍然能够谈笑风生、泰然自若。

（五）意志自由：对文化与环境的独立性

在一定程度上，自然条件和社会环境的相对独立性贯穿于自我实现者的始终，因为他们是由成长性动机而非匮乏性动机推进的，他们主要的满足不是依赖于现实世界，不是依赖于他人、文化或达到目的的手段，他们的发展和持续成长是依赖于自己的潜力及潜在的资源所实现的。正如树木需要阳光、水分与养料一样，大多数人需要爱、尊重及其他基本需要，而这种满足只能来源于外界。一旦获得了这些外在的满足物，人们内在的缺乏由外在的满足物所填补，个人真正的发展问题就开始了，这就是自我实现的问题。这种对环境的独立性意味着在遭遇打击、剥夺、挫折时的相对稳定。

由成长性动机推进的人，他们很坚强，能够不受他人的赞扬甚至

自己感情的影响。荣誉、地位、奖赏、威信及人们所能给予的爱，比起自我发展及自身成长而言，都显得并不是那么重要。要达到这种超然于爱和尊重的境界，最好的方法是事先就有同样的爱和尊重的充分满足。

（六）欣赏的时时更新

学会带着敬畏、兴奋、好奇甚至狂喜，精神饱满地、天真无邪地体验人生之乐。每一次落日都像第一次看见时那么美妙；每一朵花都温馨馥郁，令人喜爱不已，甚至在见过许多花以后也要能保持欣赏之心；所见到的第一千个婴儿，就像见到第一个一样认为他是令人惊叹的产物。偶然的、日常生活中转瞬即逝的事物也可能会使我们感到激动、兴奋和入迷。这种奇妙的感受或许并不常见，只是偶尔有之，而且是在最难以预料的时刻到来。但是，保有欣赏的能力仍然能让我们从生活的基本经历中得到喜悦、鼓舞和力量。

（七）高峰体验

对于自我实现者而言，他们有一种共同的、极为神秘的主观体验，这是一种气势磅礴、漫无边际、视野无垠的神秘体验。伴随着主观体验的是巨大的狂喜、惊奇、敬畏，以及失去时空感的感觉，体验到更加有力但又孤独无助的感觉，他们感到某种极为重要、极有价值的事情发生了，在某种程度上，感受主体被改变了、增强了，因此，他们同时兼有自我丧失与自我超越的体验。马斯洛曾用神秘体验、海洋感情、终极体验等描述之。

高峰体验是一些极大增强的、有着自我丧失或自我超越的体验。正如本尼迪克描述自我实现者那样：以问题为中心，高度集中，奉献行为，强烈的感官享受，对音乐或艺术忘我的热切的欣赏。

（八）社会情感

社会情感是由阿德勒提出的，表示一种与人类一体的感情，拥有丰富社会情感的人对人类怀有很深的认同、同情和爱，真诚地愿意帮助他们，像对待自己的兄弟一样。由于在思想、冲动、行为、情感上都与普通人有所不同，因而常常会感到没有人真正理解他们，所以他们也会偶尔表达出气愤、不耐烦或厌恶，但仍然能够表现出宽容与理解，因为一些事情他们可以做得更好，另外一些事情他们可以明察。

（九）理想的人际关系

自我实现者具有更深刻、更深厚的人际关系，拥有更多的融合、更崇高的爱、更完美的认同，以及更多摆脱自我限制的能力。他们的人际关系呈现两个特点：一是对爱的理解的完整，对爱具有较高的鉴别能力，懂得处理好专一排他的爱情与普通的社会感情的关系，仁慈、爱和友谊同时存在，他们对所有人的和蔼和耐心，以及对那些应受谴责的人的严厉，构成其良好人际关系的基石；二是他们能够吸引一些钦佩者、朋友甚至崇拜者，但他们可以较好地处理好彼此的关系。

（十）民主的性格结构

自我实现者具有明显的民主特点，能包容大多数人认为明显而重要的教育背景、社会经济地位等方面的差异，并具有深厚的民主感情。他们不管一个人有什么其他特点，只要某一方面比自己有所长，就可以向他学习。在学习中表现出真诚与谦逊，因为他们确信：与可能了解以及他人已经了解的相比，自己懂得太少了。他们还有一种最深奥也最模糊的倾向：只要是一个人，就给他一定程度的尊重，甚至对于恶棍，他们也似乎不愿意超越某种最低程度去降低、贬损或侮辱其人格。

（十一）区分手段和目的

自我实现者能够很好地区别手段和目的，他们致力于目标，手段则相当明确地从属于目的。他们较常人更有可能纯粹地欣赏“做”的乐趣，又能享受“到达”的乐趣，同时，还能够欣赏“前往”本身的快乐，他们通常能将机械的、平凡的活动变成具有内在的、欢乐的游戏、舞蹈或戏剧。正如韦特海默所说的那样：大多数孩子具有创造力，他们具有将某些陈腐的程序、机械呆板的体验加以转变的能力。

（十二）富有哲理的、善意的幽默感

自我实现者的富有思想性的、哲理性的幽默比普通的双关语、笑话、妙语、揶揄和开心的巧辩更能带给人思索与启迪。恶意的幽默、体现优越感的幽默、反禁忌的幽默，都不会使他们感到开心。自我实现者的幽默是更加紧密地与哲理相连，它通常笼统地取笑人类的愚蠢，忘记自己在宇宙中的位置或者妄自尊大，并且有时以自嘲的形式出现。

（十三）创造力

我们所讲的创造力与莫扎特型具有特殊天赋的创造力不同，而是与未失童真的孩子的天真的、普通的创造力一脉相承，它是所有人与生俱

来的一种潜力；大多数人随着对社会的适应而逐渐丧失了创造力。但自我实现者保持了这种以新鲜、纯真、率直的眼光对待生活的方式，或者先是像大多数人一样丧失了它，但在后来的生活中失而复得。

这种创造力并非总以创造艺术作品的形式出现，而是作为健康人格的一种显现，仿佛是映在世界上的投影，或者仿佛为这个健康人所从事的任何工作涂上一层色彩。从这个意义上说，可以是富有创造力的木匠、园丁、职员。一个人会以源于自己性格本质的某种态度、精神来做任何一件事，甚至可以像儿童那样富有创造性地观察世界。

五、中国人的生命态度：中国文化的积极面向

自从心理学独立以来，西方心理学所言之“心”从心灵、意识、行为到人性，一直在变化。而中国文化背景下所谈论的“心”，则更多的是指全身生活之和合会通。徐复观认为，心文化是中国文化的基本特性。中国文化重视人的精神属性和心性超越，这便是人的“心”。心文化潜藏着儒、道、佛三家追求人格完善和精神超越的所有奥秘，它浓缩了东方哲学、生命科学和宗教精神的精髓，蕴含着东方的心理学思想。在中国的传统文化里，就存在着大量的对“心”的探讨，这其实就是对心理的考察。

作为中国传统文化的核心代表，儒、道、佛三家都致力于探索如何关爱人类，以及如何促进人类的发展。总体而言，三家所追求的目标是一致的，但是其各自的思想又存在一些差别。简单而言，儒家讲求“穷理尽性”，追求成为一个圣人，终而达于内圣外王；道家讲求“复真保

性”，追求人格的独立，终而达成解脱束缚的自由境界；佛家讲求“明心见性”，追求永生境界，终而达成生命的有限解脱。可以说，儒家的人文关怀与价值信念、道家的理想人格与超越精神、佛家的菩提智慧与人生解脱都具有一定的积极意味。

儒家的代表人物孔子一生都在追求人生境界的提高，强调积极的人生意义。儒家思想主张仁爱和善，注重发掘人性中的积极力量，注重个体内在道德品格的修养，主张人们要舍弃“小我”，成全“大我”，实现自身的社会价值。儒家学说一向重视安身立命，追求真善美，认为人生的目的重要的是在意义层面上进行选择和行动，而不只是为了满足个人的物欲。可以看出，整个儒家的思想理念就带有非常明显的积极意味。

在儒家，修养是人之所以为人的本性，是人必须具备的。儒家的心性心理学塑造了中国人的文化人格，因为其中不仅从一个独特的角度来理解和解说人类的心理行为，而且对中国人的日常心理生活也产生了直接和间接的影响。儒家学说提出了十五种道德伦理准则，分别包括仁、义、礼、智、信，温、良、恭、俭、让，忠、孝、廉、耻、勇，其中的核心思想——仁是对道德的最高要求。作为中国文化传统中重要的学术派别，儒家对幸福的认识是包含内、外两个维度的，主张“内圣外王”，向内修身养性，形成仁、义、礼、智、信等美德；向外齐家、治国、平天下。这里面包含的不仅仅是个人的小幸福，也蕴含着心怀天下、有所作为的大幸福。有研究者认为，“内圣”包含了中庸、助人、公正、礼让，志向坚定，追求真理、好学、求是、勇于实践等品质；“外王”则包含了德治、自律，孝悌、精忠、守信、实践，爱人、公正等品质。“内圣外王”成为儒家所倡导的、人人可以努力追求和实现的重要人生目标。

道家对积极的看法就具有很强的辩证意味，“知足不辱”“塞翁失马，焉知非福”等都对积极与消极之间的关系有所阐释。在道家思想中，积极和消极的心境都是生命中必不可少的，随时处于转换之中的自然状态，因此，没有必要过于看重哪一种。深入分析之后会发现，其实这种辩证思维追求的是更高层次上的积极情感与生命意义。可以说，道家的整个思想体系都充满了洒脱的气度，对事物的理解往往带有自然的、无为的、随遇而安的思想，因此，对于幸福也有其独特的理解。例如，庄子提出“至乐无乐”。“至乐”在于明白天地自然的真实状态，“无乐”即不为身外的功名利禄等外物所牵累的平常心。道家认为，没有世俗的快乐才是真正最大的快乐，当人达到天人合一的和谐境界后，就到达无乐之乐的至高无之乐，是高度的精神自由和解脱。

在传统文化中，与乐观对应的是忧患意识，庄子所追求的“真人”境界便同时包含了乐观与忧患两种精神。在道家文化中，乐观彰显的是“安时处顺”，真人的精神境界主要表现在对“忧愁”的超然和超越。这种思想具有极高的积极意味。此外，“乐天知命，故不忧”，即知道了宇宙的法则与生命的含义，自然就没有什么可忧虑的了，体现出一种随遇而安的乐观心态。“祸兮福之所倚，福兮祸之所伏。孰知其极？其无正？正复为奇，善复为妖”，世间万物都是处于不断变化之中的，福祸总是相互依存，相互转化，因此，对福祸得失不用太在意，人应该常怀一颗平常心，万事万物顺其自然。这是道家的辩证思想所带来的积极的人生态度。

佛教主张人需要历经苦难，才能够达到最终的和谐与快乐。佛教认为，苦难是人存在的一部分，这种痛苦是由人类的欲望情感引起的。在佛教意识形态中，只要有欲望存在，真正的平和就无法实现，这种没有平和的存在就被认为是一种痛苦。因此，佛教主张人只有放下内心的欲望，才能够消除痛苦。佛教提倡"不执着"，就是一种应对负面情绪与心理痛苦的保护机制。只有将内心的欲望和杂念放下，从外在的虚幻世界中抽离出来，时刻观照自己的内心，并且挖掘内心中的智慧，才能获得真正的自在和快乐。鼓励人们学会人生解脱，要善于"空""破""消解""遮拨""排遣"。此外，佛教特别强调慈悲之心，认为慈悲心是人幸福和安乐的源泉。

佛教不仅将人的生死大事的解决落实在对自心的把握上，同时也将实现大乘"庄严国土，利乐有情"的宏伟理想聚焦于对自心的理解上。禅宗主张人们去寻求心灵的家园，这一目标需要通过返本归极、明心见性、自识本心、见性成佛等多种途径来予以实现，进而启发人们的内在自觉，帮助人们形成一种伟大人格。虽然表面上看起来佛教更多的是贯穿着"人生是苦"的思想，但是，佛教的最大目标则在于将这苦的人生改变过来，追求一种自由自在、纯洁清净、永久安乐的人生。总体而言，这仍然是具有一定的积极意味的。

总之，无论何时，我们都在做选择。虽然我们不能选择发生在自己身上的事情，却可以选择用什么态度来响应。我们能够在困苦中求生存，又能克服障碍，是因为我们有自由的意志，有选择的自由与权力，因此，我们能安然面对环境、战胜逆境。

第七章　解决可解决的问题：生活中的危机与转机

遇到再大再多的坎
如果不能跨过去
也要努力抓住枯枝烂木
漂过去

知道事物应该是什么样，说明你是聪明的人；知道事物实际是什么样，说明你是有经验的人；知道怎样使事物变得更好，说明你是有才能的人。

——狄德罗

说起问题，我们再熟悉不过了，每人每天都要碰到需要解决的问题。当然，有大问题，也有小问题；有急问题，也有缓问题；学生时代有学习的问题、感情的问题、朋友的问题、金钱的问题等。失败者有失败者的问题，成功者也有成功者的问题，但有一个共同点，你的所有问题都需要你自己去解决。

面对问题，每个人都有不同的心态，有的人害怕问题，有的人逃避问题，有的人喜欢发现问题，有的人喜欢解决问题。正确对待问题的心态是成功者必备的素质。卡耐基的研究发现：成功者与失败者之间的主要差别之一，就在于他们解决和处理问题的能力。我们在这个环节里讨论有关“问题解决”的问题，实际上，我们更鼓励大家发现、解决可以解决的问题，并最终促成生活中的危机化为转机。

一、学会发现问题

发现问题比解决问题更重要，发现问题是一种创新，而解决问题强调更多的是一种执行力。发现问题也是一种能力，是指从外界众多的信息源中，发现自己所需要的、有价值的问题信息的能力。

美国物理学家古德斯比德和英国物理学家克鲁克斯在做阴极射线的实验时，都曾发现过照相底片有异常的感光现象。古德斯比德还在无意中拍摄下了第一张 X 射线照片，随后却认为是一张废纸，扔进了废纸堆中。这两位科学家由于不能从现象中发现问题，或对物理现象“视而不见”，没有引起足够重视，而与伟大的发现无缘。德国物理学家伦琴观察到放置于阴极射线管附近的涂有亚铂氰化钡的硬纸屏上发出了荧光，这一现象引起他的极大关注，从而在进行深入研究后，发现了X射线。

以前的观念认为，科学研究是人们针对某一个已有的问题，运用各种科学方法与手段使问题得到解决的过程。这种观念的核心是必须先有问题，换句话说，没有问题就不研究了。这话听起来未免有点好笑，没有问题难道就不能够发现问题吗？事实表明，仅能解决已有的问题是不够的，这样的人只能跟在别人的后面帮别人做研究，而不可能进行独创性的研究，也永远不会有自己的创造。

爱因斯坦说："提出一个问题往往比解决一个问题更重要，因为解决问题也许仅是数学上或实验上的技能而已，而提出新的问题、新的可能性，从新的角度去看旧问题，却需要有创造性的想象力，而且标志着科学的真正进步。"

二、解决问题

发现了问题，接下来就是解决问题。发现问题与解决问题是相互统一的，不能只发现问题而不去解决问题，也不能只解决问题而不去发现问题，既能发现问题又能解决问题才是我们真正的追求。也许你可以把自己发现的问题交给别人去解决，但是，并不是所有的问题别人都能帮你解决，如果你一个问题都解决不了，那么你就几乎无法在这个世界上生存。

事实上，一个人解决问题的能力与他一生的成就有着密切关系，解决问题的能力越强，成就越大；反之，成就也越小。解决问题的能力决定了一个人绩效的高低。正如微软创始人比尔·盖茨所说："绩效的获得来自解决问题的能力。"

在面对同一项事情时，解决问题能力强的人所花费的时间和精力要比解决问题能力弱的人少得多；在同一时间内，解决问题能力强的人完成的工作量要比解决问题能力弱的人多得多。在遇到难题时，解决问题能力强的人能够想办法最终突破，而解决问题能力弱的人往往束手无策。心理学家研究发现，解决问题能力的强弱和以下的几个因素相关。

（一）动机的强弱

心理学家勃尔奇做了这样一个实验：在高处放着香蕉，猩猩身旁有一根竹竿，只有利用竹竿才可取到香蕉。实验的结果表明：在猩猩受饿不到 6 小时的时候，由于取食的驱动力（即动机）太弱，它的注意力很容易被各种不相干的因素分散；可是，当它受饿超过 24 小时后，又由于取食的驱力过强，而把注意力过分紧张地集中于食物这个目标，忽视了解决问题的各种必要条件，因而同样取不到食物；只有在受饿 6～24 小时之间时，由于驱力强度适中，它们的行为才是灵活的，注意力也不会被分散，所以很快取到了食物。实验表明，在动机的强弱和解决问题的成效之间存在着一种曲线关系。对于人来说，如果解决问题时积极性不高，或者急于求成，都不会获得成功。古语所谓"事在人为""欲速则不达"，说的就是这个道理。

（二）启示和联想

心理学家加德森做过一个双索问题的实验：天花板上悬着两根绳子，但二者的距离太远，任何人抓住一根就无法抓到另一根，要求实验者把两根绳结在一起。解决这个问题的办法之一，是在一根绳头上系一个物体，使它像钟摆一样摆动，等它摆向另一根绳时，你可以同时抓住两根绳。加德森让两组人在解决这个问题前，分别识记一些不同的单词，第一组人识记的词有“绳索”“摆动”“钟摆”等，而第二组识记的词则完全与双索问题无关，然后让两组去解决问题。

结果发现，第一组总比第二组更迅速地解决问题。显然，第一组从识记的单词中受到了启示。从这一角度来说，善于解决问题的人也就是善于随时随地受到启示或进行联想的人。

（三）习惯的影响

心理学家卢青斯设计了一个“水—罐”实验。这个实验有两类。第一类是有三个罐子，第一个能容 21 斤水，第二个能容 127 斤水，第三个能容 3 斤水，问如何用这三个罐子量出 100 斤水？解决的办法是把水灌满第二罐，接着从第二罐中减出第一罐所能容的水量，然后再减出两个第三罐的水量，所剩即为 100 斤。公式为 100 斤=Ⅱ－Ⅰ－2Ⅲ。这个实验的第二类是有三个罐子，第一个能容水 23 斤，第二个能容水 49 斤，第三个能容 3 斤，问如何能用这三个罐量出 20 斤水。这个问题很简单，按照公式，只要用公式 20 斤=Ⅰ－Ⅲ就能解决。当然，用第一类实验的公式也行，但要麻烦得多。

卢青斯把参加实验的人分为两组：第一组在解决了 5 个第一类型的问题后，再解决 5 个第二类型的问题；第二组直接解决 5 个第二类型的问题。结果是：第一组在解决了第一类型的问题后，普遍形成了用长公式的习惯，有 81%的人继续用长公式去解决第二类的 5 个问题；第二组绝大多数直接按照短公式去解决。可见，一定的心理习惯在解决问题中往往会阻碍更合理、更有效的思路。

（四）功能的局限

人们对一件物品往往只看到它的通常功能，而看不到其他可有的功能，因而影响人们充分利用物品去有效解决问题，这在心理学上叫作功能固着。心理学家亚丹姆生在他主持的实验中，要求被试者把三支蜡烛垂直地固定于一架竖直木屏上，发给他们的材料是三支蜡烛、三个纸盒、一些火柴和图钉。解决这个问题的正确办法是点燃一支蜡烛，在每个纸盒外滴一滴蜡油，将三支蜡烛固定于纸盒上，然后用图钉把纸盒按垂直位置固定在木屏上。实验者被分为两组：第一组被试者领到的材料是摆在纸盒外的，即每一件材料都是单独的；第二组是把蜡烛、火柴和图钉分别装在三个纸盒内交给他们。实验的结果是：第一组有 86%的人解决了问题，而第二组却仅有 41%的人解决了问题。究其原因，第二组的人只是把纸盒看作容器，而没有想到它的其他功用。西红柿早就被人们发现，但长期被当作观赏植物，而未被食用，除了盲目的恐惧心理，也是功能固着的作用限制着人们。日常生活中的这种例子很多，当你遇到问题一筹莫展，而突然听到一个新奇的办法时，不是也常常恍然大悟地一抬头说：“哎！我真笨，怎么就没想到？”

三、解决可解决的问题

压力与危机是每个人生活中的自然组成部分。“危机”这个名词源自希腊文，意思是“分界”，当个体面临一个发展任务或挑战时，可以退缩，也可以不动，或者可以去面对，往前进。例如，当你面临的发展任务是与异性建立亲密关系，这时，你可以只加深与同性朋友的关系，或停留在普通的异性关系，或者往前进一步去尝试建立两性的新关系，试着开放自己去面对可能的伤害、喜悦与成长。

危机时刻通常是一个“分界时刻”，会伴随着焦虑的情绪。当你刚开始面对它时，会觉得很困难，但只要愿意面对，去学习，就有可能安然度过，并且由此成长、茁壮，变得更强、更好、更成熟，危机也变为转机。

让我们从一个故事开始：

杞国有一个人，整天吃不好饭，睡不着觉，满脸忧愁的神色。

他的一个朋友为他担忧，关切地问：“你有什么忧愁的事吗？”

这个人叹了口气说：“唉！我担心天会突然塌下来，地会突然陷下去，我的身体到哪里去躲藏呢？”

他的朋友就开导他说：“这天，不过是一团气积聚起来的，没有一个地方没有气，你伸展身体、俯仰、呼吸，每时每刻都在天中活动，你为什么还担忧天会塌下来呢？”

这个人又说：“这天如果真的是一团气积聚起来的，那天上的日月星辰，不是都要掉下来了吗？”

他的朋友又劝导说：“日月星辰，只是那一团气体中有光耀的一部分，即使掉下来，也不会伤害人的。”

这个人又追问：“那么，地陷了，人又怎么办呢？”

他的朋友又说：“这地，也不过是堆积起来的土块，它塞满了四面八方所有空虚的地方，没有一个地方没有土块，你跨步、跳跃，每时每刻都在地上活动，为什么还要担忧地会陷下去呢？”

这个人听后，才长舒了一口气，脸上露出欢喜的神色。他的朋友看到这情形，也放心地笑了。

法国哲学家蒙田曾经说过：“我的人生充满了可怕的不幸……而大部分都是从未发生的。”显然，他在忧虑的是他生活中尚未出现的问题。我们有时也会犯同样的错误，例如：在没有开始考试的时候，你是不是担心不及格？在没有毕业的时候，你是不是担心找不到工作？

有些人甚至还会常常这样想：“我有一点点胸闷，我可能有心脏病，天啊！”“也许过了两三年，等我老了，我的男朋友就会抛弃我的！”“昨天我唯一的好朋友都生气了，我以后可能一辈子都没有朋友了！”……

我们总觉得自己的担忧是正确的，有远见的，因此，我们更不会改变这些忧心忡忡的情绪。这是一个奇妙的陷阱。合理的理由把陷阱口掩蔽得很好，而我们在不知不觉中掉了进去，还安稳地坐在陷阱里继续忧虑。

这是因为一定的忧虑的确可以增强我们的危机意识，使我们做出应对的措施，并且未雨绸缪。但是，过多的担忧和焦虑只会让我们沉浸在自己想象的消极画面里，而这些消极的思维倾向将把我们击垮。

烦恼像根葱
往里一看全是空

对没有发生的事情所产生的忧虑和恐惧，将导致那些原本不存在的问题真正发生。

当你总是觉得朋友都不喜欢你的时候，你会在他们面前表现得更不自然，从而失去他们的友谊；当你觉得学习没什么前途的时候，你痛苦而无奈地得过且过，却在两年后发现当初与自己一块起步的人，现在都已经有了优秀的成绩。

美国作家厄尼·J. 泽林斯基在《懒人非常成功》一书中提道："我们所担心的事情中，40%是绝对不可能发生的事情，30%是已经发生的事情，22%是不重要的事情，4%是无法改变的事情，只有剩下 4%才是我们真正应该面对的事情。"

所以，如果你开始感觉到自己忧虑的情绪，请马上列出你感到忧虑的事情，多向自己提问：我忧虑什么事情？这事情是已经发生的吗？如果是现实的那就积极地去解决，而如果根本还没有发生，那么我有什么好忧虑的呢？

我们只能解决我们可以解决的问题：我的朋友生气了，我不可以失去他，我要很诚恳地跟他道歉，并且送一份他一定喜欢的礼物。即使他不原谅我，我也会感到很平静，因为我已经尽力了，而且我相信，只要我真诚地对待别人，就会有其他朋友；我不担心我的男朋友将来会离开我，因为我了解他的个性，但是我仍然会对自己的形象保持要求，至少要让自己也觉得自己漂亮。

有时，让我们不快乐的不是我们所要面对的问题，而是那些根本就没有发生的只存在于我们想象中的事情。

四、怎样提高自己解决问题的能力

心理学研究发现，直面问题的问题解决策略比逃避式的问题解决策略更加健康，面对问题最有效的方式就是去解决它。不同的问题有不同的解决策略，应从生活经验中多学习、磨炼问题解决能力。

（一）了解自己，接纳自己，建立合理的期望，按部就班实行

要预防不必要的压力，首先要制定合理的目标，以避免因过度的期望所带来的挫折、压力。而建立合理的期待须从正确的自我了解与悦纳做起，认识自己的特点与限制，努力发挥自我。

（二）积极面对问题，主动判断并承担

不害怕问题，不要有“如果问题解决不了会很丢脸”的心态，提高自己解决问题能力的秘诀是承担，并真正投入其中，坚持不懈，使自己的能力得以提高。问题接触得越多，解决问题的能力也会逐渐变强。

（三）认真做好一件事

知道如何做好一件事，比对很多事情都懂一点皮毛要强得多。一位企业家在一所高校演讲时，对同学们说：“比其他事情更重要的是，你们需要知道怎样将一件事情做好；与其他有能力做这件事的人相比，如果你能做得更好，那么，你就永远不会失业。”每一件事情的完成，哪怕是极小的事情，都有助于你提高解决问题的能力。

（四）用目标来激励自己

如果你有目标，比如你想要做什么，你就一定会朝着这个方向努力，即使你遇到的问题很多，你也不会放弃。反之，如果你没有目标，一遇到困难就会退缩下来。我们可以把大目标分成若干个小目标，并启发自己为了这个目标而努力。每一个人在潜意识里都会有自我实现的愿望，为自己树立一个工作目标是发挥自己潜能、提升自己工作能力的重要途径。

（五）培养正确的思维方式

每个人都有自己固有的思维方式，这种思维方式在学习和工作中的应用直接影响到解决问题的效果。建立合理的思维方式，是提高解决问题的能力所必需的。不要拘泥于以往的思维，要有创造性思维，这样你才会比别人看得更清楚。

解决问题的能力比较强的人都特别善于思考。思考是人类作为高级动物的特征，也是成长的重要方法。善于解决问题的人经常面对问题去思考，在思考中得到成长，在思考中找到解决问题的方法，在思考中领悟学习的快乐，进一步提升解决问题的能力。

五、建立社会支持系统

有关心理健康的研究发现，拥有亲密关系者比没有亲密关系者较少有忧郁的问题，低社会支持的失业男性要比高社会支持的失业男性更容易有生理及情绪的问题。来自家人、朋友、师长的关怀与支持最能发挥作用，陪伴人们度过危机，给予物质或精神的协助而舒缓因问题的解决而带来的压力，因此，平日多用心累积真诚、互信的人际关系是很有必要的。

六、有效规划、运用时间

忧虑的感受、压力的主要来源之一是要在有限的时间内完成一定的任务，为此，合理规划、有效运用时间也是减压的好方法。

有一位培训师在课堂上拿起一杯水，问台下的听众："各位认为这杯水有多重？"有人说是半斤，有人说是一斤，培训师则说："这杯水的重量并不重要，重要的是你能拿多久？拿一分钟，谁都能够；拿一个小时，可能觉得手酸；拿一天，可能就得进医院了。其实这杯水的重量是一样的，但是你拿得越久，就越觉得沉重。这就像我们承担着压力一样，如果我们一直把压力放在身上，不管时间长短，到最后就觉得压力越来越沉重而无法承担。我们必须做的是放下这杯水，休息一下后再拿起这杯水，如此我们才能拿得更久。"

我们都没有办法成为一张一直满弦的弓，总要给自己喘息的机会，于问题解决与压力管理而言，有效规划、运用时间不失为一个好的方法。

我们的状况并不是最糟的，生活看起来也并非一无是处。纵然现在的境况很差，解决可以解决的问题，生活中的危机最终也会化为转机。

珍惜当下。

第八章　行为习惯、生理疾病与心理健康

如果放弃太早
你永远不知道
你会失去什么

绳锯木断，水滴石穿。

——罗大经（《鹤林玉露》卷四）

当我们谈及习惯，我们似乎是在经验着一种神秘的力量。回顾我们的成长历程，我们会感激某些习惯让自己成长、进步，又会为某些习惯所束缚而步履艰难。想养成一种习惯并不容易，想摈弃一种习惯更是艰难。而当我们回溯自己如何养成了已有的习惯时，又似乎不曾有过这种困难的感觉。

一、习惯的形成

1903 年，美国心理学家安德鲁斯在《美国心理学期刊》发表了一篇名为《习惯》的文章，提出了习惯的一种定义："以心理学的观点来看，习惯是在某种程度上固定的思考方式、意志或者感觉方式，是由以往重复的心智体验而获得的。"

1960 年，美国整容医生麦克斯威尔在《心理控制术》一书中，记录了他在工作中的观察与发现：人在通过整形手术获得新面貌后，需要 21 天来适应；截肢后病人的"幻肢"体验往往需要 21 天才能消退。麦克斯威尔由此认为，人们习惯某种变化的时间，大约是 21 天。

进入 21 世纪，学者开始对行为习惯养成需要多长时间感兴趣，其中，伦敦大学学院的学者通过让 96 名参与者每天重复一项与健康相关的活动，并持续 84 天，对主动养成一种习惯所需要的时间进行了研究（Lally，et al., 2010）。通过对收集的数据进行分析，他们发现不断地重复可以增加行为的自动性程度，还有了如下发现：

（1）不同参与者所需的时间是不一样的，有的人时间最短 18 天，有的人过了实验设置的 84 天，最长达到 254 天，平均时长是 66 天。

(2) 行为并不是必须不间断地重复才能变成习惯，无论是在习惯形成的早期还是后期，短暂的间断并不会影响习惯的形成。

随着脑科学技术和研究的不断发展，麻省理工学院的研究人员在做老鼠的迷宫实验时发现了习惯回路。他们发现，在第一次的迷宫探索过程中，老鼠的大脑皮层中产生了大量的活动。然而无数次重复后，迷宫探索却只需要较少的大脑皮层活动，在控制记忆的大脑部分也是如此。大脑将动作序列转换为“块状”到原始的基底神经节，是为了将更高或更多的功能保留在大脑皮层（Barnes，et al., 2005），该研究为习惯提供了神经物质基础。

理论上，查尔斯·杜希格在《习惯的力量》一书中对“习惯回路”做了进一步的解释（Duhigg, 2012）。他认为，当人类为了应对某种“状况”，经过思考做出某种行为后，当类似“状况”再次出现时，人又倾向于再次做出相同的行为。这种“状况”多次出现之后，人们往往会在“状况”出现时不经思考就做出行为，这种行为就成了一种惯性行为，于是产生了习惯。不同的行为习惯，有的容易形成，有的形成却比较困难，这是因为做出不同的行为后，人获得的“奖赏”也不尽相同，能否提供足够的“奖赏”，是习惯能否养成或者改变的关键。于是，“状况—行动—奖赏”三者构成了“习惯回路”。

随着科技的进步，我们对大脑的理解也不断加深。香港城市大学的学者在对大鼠进行实验时发现，模式记忆训练（经重复而建立的学习模式）可以促进大脑髓鞘的形成，髓鞘厚度的轻微增加，可明显提升神经传导速度和减低神经回路功能的障碍，提示了髓鞘形成与记忆的关联（Hasan，et al., 2019）。虽然使用的是动物的模型，这项研究为习惯的形成提供了认知神经的证据。

二、中国文化中的“习惯”

在中国，《尚书·太甲上》记载了早在商代初年就出现了“兹乃不义，习与性成”的论述，传说是商代伊尹告诫他的年轻君主太甲的一句话。明末清初思想家王夫之解释为“习与性成者，习成而性与成也”，强调了“习”本身也需要“习成”。潘菽先生在《中国古代心理学思想》一书中对“习成”做了进一步解释，他认为，人的心理发展变化与客观事物的影响有密切的关系，人是由于受事物的影响而引起某种心理活动，从而与事物产生了一定的联系。这种心理活动不仅产生了，而且在人的机体上留下了印迹，以后在同样的条件下会引起同样的活动。如果重复次数多了，留下的印迹也会加深一些，这一过程就是“习”，古代思想家也称为“积习”或“习染”（潘菽，2018）。

在儒家思想中，关于“习”的论述也经常出现，如“学而时习之，不亦说乎”（《论语·学而》）、“性相近也，习相远也”（《论语·阳货》）、“少成若天性，习惯如自然”（《孔子家语》）等，都认同了“习”的重要性。而后，如苏轼的“博观而约取，厚积而薄发”、龚自珍的“夫无善也，则可以为桀矣；无不善也，则可以为尧矣”，则指出了好习惯对一个人品行、成就的深刻影响。

自宋代起，程颢、程颐就对好习惯的养成十分重视，“古人自幼学，耳目游处，所见皆善，至长而不见异物，故易以成就。今人自少见皆不善，才能言，便习秽恶，日日消铄，更有甚天理”（程颢、程颐和陈京伟，2020），他们通过古人良好习惯而“易以成就”与今人坏习惯积累而失“天理”的对比，突出了好习惯养成的重要性。南宋思想家朱熹在“二程”（程颢、程颐）的基础上，在《题小学》中提出“而必使其讲习之于幼稚之时，欲其习与智长，化与心成，而无扞格不胜之患也”，强调了早期教养和习惯养成对成人后的道德品质的重要影响。

现代著名教育家叶圣陶先生十分重视良好习惯的培养。他认为，教育就是养成良好的行为习惯。为此，叶圣陶先生专门写过《习惯成自然》《两种习惯养成不得》等文章。这些文章虽然写于20世纪40年代，但至今读来仍备感亲切，文中所阐述的主要思想对当今大学生良好习惯的培养仍不乏启示意义。

三、怎样才能养成良好的习惯

日本作家古川武士在《坚持，一种可以养成的习惯》一书中，将习惯分成三类，分别是行为习惯、身体习惯、思维习惯（古川武士，2016）。他认为，行为习惯通常指一些只需变动一些行为就能养成的简单习惯，比如记手帐、写日记，这类习惯不太复杂，所以通常1个月左右就能养成；身体习惯是指需要牵动整个身体的力量的习惯，如健身、运动等，它们差不多要3个月才能养成；思维习惯指批判性思维、独立思考能力、逻辑能力的养成，这需要大量的时间，通常是以年为单位的。

关于怎样养成良好的习惯，叶圣陶先生有他独到的见解。

（一）养成习惯贵在躬行实践

作为一位长期从事教育工作的实践家，叶圣陶先生非常强调在习惯养成中的身体力行。他认为，要养成某种好习惯，必须随时随地加以注意，躬行实践，才能收到相当的效果。他以常见的事例来说明这个道理。他在《习惯成自然》一文中写道："要有观察的能力，必须真个用心去观察；要有劳动的能力，必须真个动手去劳动；要有读书的能力，必须真个把书本打开，认认真真去读；要有做好公民的能力，必须真个把公民应做的一切认认真真去做。"这样，我们"所知"的才能逐渐化为我们的习惯，成为相应的能力和素质。

（二）"习惯成自然"就是能力

什么是"成自然"呢？叶圣陶先生认为，成自然就是"不必故意费什么心，仿佛本来就是那样的意思"。他举例说："走路和说话是我们最需要的两种基本能力。这两种能力的形成是因为我们从小就习惯了，'成自然'了；无论哪一种能力，要达到习惯成自然的地步，才算我们有了那种能力。如果不达到习惯成自然的程度，只是勉勉强强地做一做，就说明我们还不具有那种能力。"他进而指出："通常说某人能力不强，就是说某人没有养成多少习惯的意思。比如说张三记忆力不强，就是张三没有把看见的、听见的一些事物好好记住的习惯。说李四表达能力不好，就是说李四没有把自己的思想和感情说出来的习惯。因此，习惯养成得越多，那个人的能力就越强。做人做事，需要种种能力，所以最要紧的是养成种种的习惯。"

（三）有两种坏习惯不能养成

叶圣陶先生认为，习惯不嫌其多，但有两种习惯养成不得，除此之外，其他的习惯多多益善。这两种习惯就是不养成什么习惯的习惯和妨害他人的习惯。

何谓“不养成什么习惯的习惯”呢？叶圣陶先生用日常生活中的某些习惯的养成来说明“不养成什么习惯的习惯”的害处。他说：“坐要端正，站要挺直，每天要洗脸漱口，每事要有头有尾，这些都是一个人的起码习惯，有了这些习惯，身体与精神就能保持起码的健康。但是这些习惯不是一会儿就会有的，也得逐渐养成。在没有养成的时候，多少要用一些强制功夫，自己随时警觉，坐硬是要端正，站硬是要挺直，每天硬是要洗脸漱口，每事硬是要有头有尾。不待强制与警觉，也能行所无事的做去，这些就是终身受用的习惯了。如果在先没有强制与警觉，今天东，明天西，今天这样，明天那样，那就什么习惯也养不成。而这今天东，明天西，今天这样，明天那样，倒反成为一种习惯，牢牢的在身上生根了。这种习惯就是不养成什么习惯的习惯，最要不得。为什么最要不得？只消一句话回答：这种习惯是与其他种种习惯冲突的，养成了这种习惯，其他种种习惯就很少有养成的希望了。”

那什么又是“妨害他人的习惯”呢？叶圣陶先生举例予以说明。他说，“走进一间屋子，砰的一声把门推开，喉间一口痰涌上来了，扑的一声吐在地上，这些都好像是无关紧要的事。但是很关紧要，因为这些习惯都将妨害他人。屋子里若有人在那里作事看书，他们的心思正集中，被你砰的一声，他们的心思扰乱了，这是受了你的影响。你的痰里倘若有些传染病菌，扑的一声吐在地上，这些病菌就有传染给张三或李四的可能，他们因而害起病来，这是受了你的影响。所以这种习惯是妨害他人的习惯”。妨害他人的习惯是恶劣品质形成的重要根源。叶圣陶先生认为，某些人的不良品质的形成，一个重要的病根在养成了妨害他人的习惯。他说，如果一个人不明了自己与他人的密切关系，不懂得爱护他人，一切习惯偏向妨害他人的方面，就极有可能成为一个恶人。

近年来的研究已经确认了阅读与智商之间的密切关系。阅读可以提升流体智力（fluid intelligence），就是解决问题与抽象思考的能力。学校对阅读写作能力的重视，也可以解释为什么 20 世纪以来人类智商不断提升（Hurley，2014）。根据卡内基梅隆大学的研究，提升儿童的阅读能力，可以实质影响儿童大脑的组成。实验结果发现，阅读不但能增加儿童大脑白质，也能提高大脑处理信息的效率，让受试儿童的沟通能力得到有效提升（Keller 和 Just，2009）。

四、不要让自己的身体成为过度透支的“银行”

早在 1946 年，世界卫生组织便对健康提出了定义，广义来说，“健康不仅为疾病或虚弱之消除，而是体格、精神与社会之完全健康状态”（Grad，2002），该定义由于在实务上难以得到评估，一直饱受争议（Callahan，1973）。当前，接受程度较高的健康定义是“个体或群体在面临生理、心理或社会的挑战时，适应及自我管理的能力”（Huber，et al., 2011）。

1996 年，日本厚生劳动省提出了“生活习惯病”这一概念，用以指代与饮食、运动、吸烟、饮酒、压力等生活习惯影响其发病与恶化的疾病群。这些疾病以前被认为是随着年龄的增加而发病、恶化，但研究显示，即使是成年人也可以通过改善生活方式来预防，甚至非成人也会患上，因此改称为“生活习惯病”。在中国，这一类疾病则常被称为“慢性病”，部分习惯与对应的代表性疾病如下：

（1）饮食习惯：非胰岛素依赖性糖尿病、肥胖症、高脂血症（不包括家族性的）、高尿酸血症、心血管疾病（不包括先天性的）、结肠癌（不包括家族性的）、牙周病等。

（2）运动习惯：非胰岛素依赖性糖尿病、肥胖症、高脂血症（不包括家族性的）、高血压等。

（3）吸烟：肺鳞状细胞癌、心血管疾病（不包括先天性的）、慢性支气管炎、肺气肿、牙周病等。

（4）饮酒：酒精性肝病等。

在中国，《中国居民营养与慢性病状况报告（2015年）》显示，对近十年中国居民的调查发现，高血压、糖尿病等主要慢性病和癌症的发病率均呈上升趋势，慢性病死亡已经占总死亡人数的86.6%，慢性病已经成为威胁中国居民生命安全最主要的原因（国家卫生计生委疾病预防控制局，2015）。2014年全国学生体质健康调研结果显示，大学生身体素质继续呈现下降趋势；视力不良检出率仍然居高不下，继续呈现低龄化倾向；各年龄段学生肥胖检出率持续上升（国家体育总局，2015）。

2020年，世界卫生组织发布的《2020世界卫生统计报告》（World Health Organization，2020）显示，2016年，估计有4100万人死于非传染性疾病（noncommunicable diseases，NCDs），占据总死亡人数的71%。主要为四大疾病所致：心脑血管疾病，死亡人数为1790万；癌症，死亡人数为900万；慢性呼吸系统疾病（chronic respiratory disease，CRD），死亡人数为380万；糖尿病，死亡人数为160万。2019年，所有非传染性疾病合计占全球死亡人数的74%。

2020年，由上海市爱国卫生运动委员会办公室、上海市健康促进委员会办公室、上海健康医学院、上海市健康促进中心共同开展的，7000多位市民参加的“影响市民健康的不良生活方式”社会调查结果如下：

（1）“一般人群的常见不良生活方式”排名前三的分别是“久坐不动，缺乏体育锻炼”“常吃油炸、烧烤和烟熏食品”“三餐不规律，经常不吃早餐或深夜餐食”。

（2）“青少年人群的常见不良生活方式”排名前三的分别是“经常吃油炸、烧烤食品”“常常喝含糖饮料”“常吃外卖，暴饮暴食，用零食点心代替正餐”。

（3）“老年人群的常见不良生活方式”排名前三的分别是“经常吃腌制食品，贮存不当的隔夜饭菜”“烧菜过量添加食盐、酱油和糖”

“久坐不动，缺乏体育锻炼”。

（4）“职业人群的常见不良生活方式”排名前三的分别是“久坐不动，缺乏体育锻炼”“三餐饮食无规律，经常不吃早餐、吃外卖、深夜餐食”“作息不规律，经常熬夜，睡眠不足”。

每个人都是自己健康的第一责任人，正因为大多数常见的慢性疾病是由饮食、生活方式和代谢的风险因素所引起，所以，这些状况是可通过行为改变来预防的，例如，戒烟、摄取健康饮食、增加体能活动等。具体来说，就是要养成健康的生活习惯，注重饮食有节、起居有常、动静结合、心态平和，善用“中国居民平衡膳食宝塔”“中国居民平衡膳食餐盘”等支持性工具，根据个人特点合理搭配食物，将身体活动融入日常生活，掌握运动技能，少静多

戒零食奶茶一个月
一斤没瘦
还失去了三十天的快乐

动，减少久坐，保持健康体重，每天保证充足的睡眠时间，工作、学习、娱乐、休息按作息规律进行。

五、中医的健康观

早至西周时期，就有设置食医专门掌管周王与贵族阶层的饮食，指导“六饮、六膳、百馐、百酱”等饮食工作的记载。春秋战国时期，据《黄帝内经》记载，“圣人不治已病，治未病”。中医不是治已病的，是治未病的。治未病，也就是让每个人都能保持身心的健康，而不是从病中康复。历史上曾流传这样一个故事：

煖曰：“王独不闻魏文王之问扁鹊耶？曰：‘子昆弟三人，其孰最善为医？’扁鹊曰：‘长兄最善，中兄次之，扁鹊最为下。’魏文侯曰：‘可得闻邪？’扁鹊曰：‘长兄于病视神，未有形而除之，故名不出于家。中兄治病，其在毫毛，故名不出于闾。若扁鹊者，镵血脉，投毒药，副肌肤间，而名出闻于诸侯。’”（《鹖冠子·世贤》）

扁鹊是春秋战国时期的名医，因医术高超被奉为“神医”，然而，扁鹊认为自己医术并不高明，因为只是治“已病”，真正高明的是治“未病”，让人不生病。这跟中国文化的生命观是一致的，生命是天地之气达到和谐状态而产生的，生命因“和”而生。中医用“中”的理念来调整人体。生命因中正平和而产生、延续，“中正平和”是一种生命的动态平衡，“中”是一个不变的原则，但是，这个原则在不同的环境和时间里，是要发生变化的，所以，中医认为健康是一个动态的平衡，既须考虑时令等环境因素，又与个人的体质、经穴相关，更需要通过饮

有爱心的你
请一定早点睡觉
家里的蚊子都饿一天了

食、运动和情志的良好习惯与状态来实现。

六、疾病与心理健康

1941 年，人本主义心理学家马斯洛与米特尔曼提出了 10 条衡量心理健康的标准（Maslow & Mittelmann，1941），具体如下。

(1) 有足够的自我安全感。

(2) 能充分地了解自己，并能对自己的能力做出适度的评价。

(3) 生活理想切合实际。

(4) 不脱离周围现实环境。

(5) 能保持人格的完整与和谐。

(6) 善于从经验中学习。

(7) 能保持良好的人际关系。

(8) 能适度地发泄情绪和控制情绪。

(9) 在符合集体要求的前提下，能有限度地发挥个性。

(10) 在不违背社会规范的前提下，能恰当地满足个人的基本要求。

1946 年召开的第三届国际心理卫生大会认为，心理健康的标志为以下 4 点。

（1）身体、情绪十分协调。

（2）适应环境，人际关系中彼此能谦让。

（3）有幸福感。

（4）在职业工作中，能充分发挥自己的能力，过着有效率的生活。

1958年，Jahoda对世界卫生组织在1946年建议的健康之定义进行了补充，他将心理健康分为三个方面（Jahoda，1958）。

（1）心理健康包括自我认识，能够充分挖掘自我潜能。

（2）心理健康包括自身对所处环境的适应。

（3）积极的心理健康状态体现自主性，个体有能力识别、面对、解决问题。

基于以上对心理健康的定义，学者基本认同心理、躯体和社会的功能是互相依存的，心理健康与躯体健康都不能单独存在，我们不能将健康限制性地定义为没有疾病，因此，健康与疾病也是共存的（Sartorius，Goldberg，Tantam，1991）。而对于每个个体而言，心理健康都受到个体因素及自身经历、社会相互作用、社会结构与资源和文化价值观的影响；亦受到日常生活、家庭、学校、街道和工作场所的影响（Lahtinen， et al.，1999；Lehtinen，Riikonen，Lahtinen，1997）。

2001年，世界卫生组织建议将心理健康定义为“一个人可以实现其能力，可以应付日常生活中的压力，工作有所成效，可以为其所在的社群有所贡献的健康幸福状态”（Herrman，Saxena，Moodie，2004）。在这个核心共同含义下，由于不同国家之间的文化差异，对心理健康也应该有不同的解释，对Jahoda提出的心理健康的定义，就有学者批评其观点承载了被美国人认为是很重要的文化价值（Murphy，1978）。可见，心理健康在不同的环境、文化、社会经济的影响下的含义应有不同的体现。

1986年，我国心理学家郭念锋先生在其所著《临床心理学导论》中，提出了判断心理健康与否的十条标准。

（1）周期节律性。人的心理活动在形式和效率上都有自己内在的节律性，比如白天思维清晰，注意力高，适于工作；晚上能进入睡眠，以便养精蓄锐，第二天工作。如果一个人每到晚上就睡不着觉，那表明他的心理活动的固有节律处在紊乱状态。

（2）意识水平。意识水平的高低，往往以注意力水平为客观指标。如果一个人不能专注于某种工作，不能专注于思考问题，思想经常开小差或者因注意力分散而出现工作上的差错，就有可能存在心理健康方面的问题。

（3）暗示性。易受暗示影响的人，往往容易被周围环境引起情绪的波动和思维的动摇，有时表现为意志力薄弱。他们的情绪和思维很容易随环境变化，给精神活动带来不太稳定的特点。

（4）心理活动强度。这是指对于精神刺激的抵抗能力。一种强烈的精神打击出现在面前，抵抗力低的人往往容易遗留下后患，可能因为一次精神刺激而导致反应性精神病或癔症；而抵抗力强的人，虽有反应，但不致病。

（5）心理活动耐受力。这是指人的心理对现实生活中长期反复出现的精神刺激的抵抗能力。这种慢性刺激虽不如一次性的刺激强大剧烈，但久久不消失，几乎每日每时都要缠绕着人的心灵。

（6）心理康复能力。由于人们各自的认识能力不同，人们各自的经验不同，从一次打击中恢复过来所需要的时间也会有所不同，恢复的程度也有差别。这种从创伤刺激中恢复到往常水平的能力，称为心理康复能力。

（7）心理自控力。情绪的强度、情感的表达、思维的方向和过程都是在人的自觉控制下实现的。当一个人身心十分健康时，他的心理活动会十分自如，情感的表达恰如其分，辞令通畅，仪态大方，既不拘谨，也不放肆。

（8）自信心。一个人是否有恰当的自信心是精神健康的一种标准。

自信心实质上是一种自我认知和思维的分析综合能力，这种能力可以在生活实践中逐步提高。

(9) 社会交往。一个人与社会中其他人的交往，往往标志一个人的精神健康水平。当一个人严重地、毫无理由地与亲友断绝来往，或者变得十分冷漠时，这就构成了精神病症状，叫作接触不良。如果过分地进行社会交往，也可能处于一种躁狂状态。

(10) 环境适应能力。环境就是人的生存环境，包括工作环境、生活环境、工作性质、人际关系等。人不仅能适应环境，而且可以通过实践和认识去改造环境。

2013 年，同为加州大学洛杉矶分校医疗中心心脏科医师和洛杉矶动物园的心脏医学顾问的芭芭拉·纳特森·霍格威茨在《共病时代：动物疾病与人类健康的惊人联系》一书中，描述了疾病面前人类与动物之间千丝万缕的联系（Natterson-Horowitz & Bowers，2013），提醒着我们对疾病与健康的习惯认知。我们常常认为是自己做了什么或没做什么而罹患疾病，倾向于认为疾病有迹可循，归咎于我们所处的社会与文化，这种偏见并不能为我们将疾病画上句点。健康是一个连续的谱系，从来不是一个人、一个物种或者一个学科的事，当我们将视野拓宽至人类学、社会学、生物学乃至动物学的世界中时，我们也许会对健康有新的理解和认识。

在过去的一段时间里，当人们在考察人类群体的心理疾病时，学者更着重于探究人类群体的共同现象，大多数研究者同意，精神分裂症、抑郁症和双相障碍在各个文化中都是一样的（Tsai，et al.，2001），大多数明显被认为是异常行为，并不存在显著的文化差异。跳脱疾病之外，当我们关注疾病背后，关照自己的心理健康时，文化对个体的影响则变得重要且显著。伊森·沃特斯在《像我们一样疯狂》一书中提道：“心理疾病的体验与文化是不可割裂的，不管致病原因为何，我们无一例外地依靠自己的文化信念和传说来理解发生在自己身上的事情。”（Watters，2010）在关系的面向，我们需要用他人理解的语言来讲述自己的情

当你看谁都不顺眼
有可能是你睡眠不足

绪；在社会的面向，我们需要在自身文化的土壤中获得滋养；从系统生态学的观点出发，我们需要回归我们所处的各个圈层去关照自己的身心健康。

心理健康是一个发展变化的谱系。真正的健康状态，并不在于是否完全符合诊断的标准。当我们用某一个共通的标准来进行评估的时候，当我们信赖现代科学带给我们便利的同时，我们也许可以借用这些指标来理解自己的生活世界，理解自己所处的文化脉络，理解不同的个体在相似的生命阶段展示出来的差异和特质，理解那个未知的自我。

第九章 从现在到未来：生涯规划与人生全程发展

不幸的是经历
幸运的是你的坚强

博学之，审问之，慎思之，明辨之，笃行之。

——《礼记·中庸》

如何度过充实而平凡的一生，如何避免年龄的焦虑？让我们从《爱丽丝梦游仙境》这部动画片开始：爱丽丝在仙境里对着一条又一条路，有这么多选择的她却迷失了，她问树上那只若隐若现的大花猫："我应该走哪条路？"大花猫唱着歌说："走哪条路并不重要，重要的是你要去哪儿，怎么去。"

人在不同的时期都会对自己的未来产生美好的向往，我们称之为"愿望"，而愿望的实现则比突如其来的惊喜更能让人获得满足感。布尔韦·科顿曾经说过："心头没有愿望，等于地上没有空气。"在进入大学的时候，我们都会为自己进行人生的第一次生涯规划，这时候的所谓规划，确切地说只是一种美好的愿望，因为它更多的是建立在感性而非理性的分析基础上，但是，那种强烈的方向感所带来的心理动力，却能成为我们日后坚持不懈的最大动力。

风靡全球的《世界是平的》的作者托马斯·弗里德曼说："你的过去选择了你的现在，你现在所做的一切同样选择着你的未来。空有牺牲成仁的愿望却迟迟不行动的人是'等待中的烈士'，与之相反的则是'行动中的梦想家'。"

一、现在，把眼光放向世界

我们都听过《明天会更好》这首歌谣，所有人或多或少都认为自己的明天会比现在更好，但是，有多少人会去想一想，我们凭什么会认为"明天会更好"？是一种运气，还是一种人为？如果依赖的是运气，那我们所依赖的就是一种无常。如果是靠我们自己的努力，就需要清楚未来对自我的要求：如何开始积累，自己应该具备哪些素质。世界变化的速度远远超乎我们的想象，五年后的世界将会怎样，十年后的世界又将会如何，我们会处于世界的哪一个角落，担当社会中的何种角色，这一切，对于现在的我们来说，都是一种未知。

要知道世界潮流的涌向，要处于世界变化的潮头，需要我们从现在起把眼光放向世界。而如何把眼光放向世界，以现在的条件如何拓展自身的眼光？请看以下内容。

二、开放的思维模式

开放自己的思维模式，多去看看各式各样的信息、评论、观点，放下排斥的心态，大胆地去探索未知的园地，不要害怕会付出很大的努力而没有收获，因为这是知识增长和经验积累的重要途径。

三、清楚自身的兴趣

兴趣，是自我意识在社会环境影响下所产生的一种相对稳定的倾向表现，简单来说，就是自己喜欢什么，自己愿意拓展哪个方面的特长。如果喜欢画画，就不要强迫自己去练小提琴，音乐再怎么高低变换，也带不出一丝色彩的感觉；既然脑海里永远是些热血澎湃的竞技场面，就不如选择参与体育竞赛，临渊羡鱼终不如退而结网。很多时候，梦想需要的是行动力，不然，可能就会像刘德华的一首歌《我和我追逐的梦》中唱到的那样："我和我追逐的梦擦肩而过，永远也不能重逢。"

四、明晰自己的价值观

价值观是人们对自己生命意义的看法，是对自己要干什么而不干什么的一种判断标准，是决定人们的观察和行为的重要因素。譬如，人们比较容易倾向于那些自己认为有价值的、自己看重的事情、经验或人。所谓“古松三态”就是这个道理：在木匠看来，古松是一根梁；在画家看来，古松是美的，是风景的组成部分；在种地的农民看来，古松可以遮阳，是一方阴凉地。他们都从各自的角度看到对自己有价值的东西，并且由此可能产生不同的结果：木匠要砍树，而农民与画家则不然，由此也可能会导致他们互相抱怨、互不理解。科学、合理的价值取向，对一个人的发展是至关重要的。

现实中，我们常纠结于事情本身的好坏，其实，你可以做的是分析自己要成为什么样的人，过什么样的生活，然后努力去创造它。管理大师查尔斯·韩第在《大象与跳蚤》（*The Elephant and the Flea*）中，描述了一段他与妻子的对话。

有天晚上，韩第的妻子伊丽莎白问他：“你以你的工作为荣吗？”

(韩第）“马马虎虎啦，工作嘛。”

（伊丽莎白）“你共事的人如何？他们很独特吗？”

（韩第）“还可以啦。”

（伊丽莎白）“那公司呢？你认为壳牌是一个好组织，做的也是好事吗？”

（韩第）“没啥好抱怨的，还过得去啦。”

伊丽莎白狠狠地瞪着韩第说：“我可不想和一个‘差不多’先生共度余生！”

两个月后，韩第辞去工作，因为他终于意识到，自己想做的并不是一个在长途飞行、金钱和权力中挣扎的高级经理人。离开大企业后的韩第，重新思考了自己对组织和工作的认知，并提出了“工作组合”（portfolio life）的概念。这个概念由四种工作组合而成，包括有薪工作、家庭工作、义务工作和终身学习工作。也许把你的人生往前推五年，你的学习工作占用的时间比较多；往后推五年，家庭工作和义务工作会让你觉得更加有趣。这个概念和我们传统的认知有三个不同。首先，与原来提倡的“计划”不同，它更强调“规划”，也就是“选择方案”；其次，它不再把工作限定在一个狭义的范围内，而是尊重每个人根据自己的价值观，赋予工作以不同的比例，设置工作的定义；最后，它可以让我们根据人生阶段来调整我们的组合式工作比例，创造一种真正意义上的均衡。

五、不断地修正自己的眼光和看问题的角度

适应世界的变化节奏，你才有一个存在的空间；一味地固化自己的眼光，无疑是故步自封。对自我的定位更需要一个不断修正的过程，即

便是从小就定下的一个目标，也可能发生更改变动。因为向着目标努力的同时，也要看看世界的大方向，并对自己的目标做一些修正。

六、目标与计划：选择、珍视与行动

在人生发展的不同阶段，有着不同的人生任务，我们都愿意为自己设定不同的目标与计划。那么目标与计划是怎样形成的呢？心理学家认为，目标与计划的形成可以界定为下列三个阶段：选择、珍视和行动。

目标与计划产生的第一阶段是自由选择。这种选择的自由对目标与计划的形成是基本的，因为目标与计划不可能经由强制或压迫而获得，它是我们心甘情愿做出的判断与选择，是在仔细考虑与衡量所有的选择途径及其可能的后果后做出的决定。自由的选择使我们成为生活的积极参与者，而不是旁观者。

目标与计划形成的第二个阶段是珍视。因为目标与计划的形成过程不仅包括认识的过程，也蕴含情感的层面。这种选择是自己乐于接受的，并且是自己非常重视的。为了实现自己的选择，人们乐于付出很大的代价。

但是，只空想或谈论自己的目标与计划是不够的，必须要在行动中体现出来。目标与计划只有在行动中才能完全实现或体验到我们的选择和所珍爱的事情，体现其价值。譬如，造房屋、种庄稼或画画，一个人只有实际上造出了房屋、种了庄稼或画了画以后，才能说他的目标与计划得到了实现。

伤口是光进入你内心的地方

七、放弃对未来生活超完美的设想

我们都对未来充满着憧憬与期待，希望自己在未来能够拥有美好的生活，但是，又总是觉得条件不够，时机还没有成熟，或是有很多欠缺是自己所无法拥有的，所以我们绝大部分人都不敢对未来的生活有所展望。这一切都是因为我们对未来生活设想得过于完美，实际上，能够生活是因为生活的本身，而不在于生活能够如何过得完美。

每一个人都不可避免地对未来的生活有所设想，即便是在最不顺心的时候，我们也会随着时代的改变而一次又一次地对美好的生活模式做出重新定义：开着的车最好是法拉利，居住的房子最好是背山面海的豪宅，能够和自己一起生活的最好是自己喜爱的人，家庭与工作最好不要出现相冲突的情况，等等。这些都是我们习惯向往的未来生活，我们都期待它成为现实。刚开始，我们常常天真地认为对未来生活的构思是我们的权利，而且未来是那么值得我们去期待，所以我们执着于自己必定能够拥有完美的生活。

但非常不幸，以上所有对完美生活的设想都是我们的一厢情愿，当完美的设想一次又一次落空的时候，我们就会一次又一次被打进情绪的低谷，从而丢失了很多我们本该拥有的迈向完善的力量。生命本身是一种发展和保持改变的过程，生活并不公平，世界也并不完美。而生命之所以美丽，是因为有着成长，能够成长的生命才是完美的。同样的道理，能够有所追求的生活才是一种完美。在某种意义上，成功是得到你所希冀的东西，而幸福则是喜欢你得到的东西。

八、与其找一个理想的位置，不如抓住一个理想的未来

进入大学，是为了踏足社会而做准备，从这里我们选择自己的生活方式，或行或走，或跑或跳。在路上，我们将发现，我们幸福与否、成功与否，生活并没有给出具体明晰的答案，世界在我们的前方——充满无限的机会和意想不到的曲折。各种各样有趣的人在等待我们去认识，各种神奇的领域在等待我们去涉足，新的发明创造在等待我们去探索，新的梦想在等着我们去完成，新的思想在等着我们去发现，新的目标在等着我们去追求，热情在等着我们去发展，爱在等着我们去延续。而我们所能落地的，也只是在每一天，在每一个当下，用我们的所有去做我们能做的。

为自己谋取一个最理想的位置，不如去抓住一个理想的未来，在到达那里之前，让我们继续寻找，继续学习，投入生活，不管你选择什么道路，那都不会是一条平坦的大道。正如我们已经经历过的一样，迎接我们的将会有大大小小的困难与考验。

九、找出自己的优势，并拓展它

大学生正处于一个渴望自立、渴望被他人认可的阶段，所以都想多学一点东西，博学是大学生的最大梦想，甚至最好让自己变得万能。但是，人的精力是有限的，不可能面面俱到，我们应该把有限的精力投入自己的优势上。在这个世界上，你是唯一的，没有第二个你，所以，你应该做你自己，因为没有第二个人可以代替你。

怎样才能找出自己的优势？优势往往是一些得天独厚的东西，如果对音符节奏敏感，就可能在音乐领域有所建树；如果对色彩色调敏感，就有可能成为画家。但有些时候往往是一种刻意的培训，例如，成为社会急需的职业人士，或者担当一些别人不容易担当的角色。多问问自己，什么是自己特别拥有的？事实上，兴趣与取向都是根植于人生愿景之上的。一份符合兴趣与取向的工作，往往可以使得工作生涯的发展更为顺畅。正如狮子从来就是草原之王，不是因为它没有缺点，而是它的优点突出，狮子的生存靠的是突出的观察力、优异的爆发力、锋利的牙爪和精准的扑跳动作，而不是依靠完美才称霸于草原的。人类也同样如此，人无完人，突出自己的优势才能更好地为自己获得一个发展的空间。

十、学会面对失意

高中毕业后进入大学，首先面临的是不再有人及时跟踪你每天的学习状况，不再有高考前的每一次测试。多数有理想、有抱负的学生在刚走入社会时，一定是踌躇满志、意气风发，想闯出自己的一片天地，实现心中美好的理想的。但是，几年之后结果怎样呢？一帆风顺、平步青云的人毕竟是极少数，暂时没成功的人可能会陷入困惑、茫然、彷徨、无奈，更有的人一蹶不振、自暴自弃、玩世不恭、游戏人生，再严重一点则在生活的汪洋大海中沉沦下去。

适应环境，最重要的就是要学会面对失意。什么是面对失意？很简单，就是当现实与我们所期待的完全不相符，甚至背道而驰时，我们没有让自己的情绪失控，也没有让自己丧失原有的自信。做起来容易吗？未必容易。因此，学会面对失意，这是一个一辈子都要面对的课题。

十一、要接受生活的平淡，做一个受人尊重的普通人

可能我们都很有才华，但是，当我们屡屡想要去展现自己的才华时，往往不是受到客观环境的限制，就是没有发挥的平台，所以，我们都觉得很失意，不再对生活存在激情。其实，世界上到处都是有才华的穷人，只是没有遇上能够表现的机会。“世上有许多人在还没有遇上伯乐前，会一直认为自己是一个笨蛋。”这是电影《心灵捕手》中的一句对白。如果你现在尚未遇上伯乐，就请做一个忍耐的“笨蛋”。

十二、要知道才华展现了，并不一定就能得到掌声

很多人都会认为，只有掌声与称赞才是生存的动力源泉，所以，不少人迷恋掌声，迷恋别人对自己的称赞，这是一种虚荣心在作祟。要完全改变这种人性的根本属性是不可能的，我们所能做到的是不过分依赖别人的掌声和赞许。有赞许固然好，没有也是一种情理，未必有了掌声以后，你才走向你的人生舞台，因为没有人愿意对着一个空白的舞台鼓掌。

十三、让生活充实起来

生活不一定十分精彩，但一定可以非常充实。生活的充实使得我们能够对失意一笑置之，面对着纷繁复杂、充满诱惑的世界，能够时刻保持心态平稳及心境平和。其实，生活的充实不需要探讨太多，只需要一些很简单的改变及付出。有人曾经说过，雨滴不会造成洪水，雪花不会

平和的你
才最美丽

造成暴雪，然而，每个部分都会对整体产生影响。你可以把海贝扔回大海，拯救它们；你可以向需要帮助的人伸出援助之手；你可以鼓励身边的人，通过他们改变无数的人。从身边的每一件看似微不足道的小事做起，一步步地去做，这样，你的生活将会变得色彩斑斓起来。

十四、坦然面对失败，不轻易放弃

失意的经历可能会让我们的自信跌进谷底，可能会让我们暂时止步不前，更有可能让我们产生畏惧的心理。但是，不论我们承受了什么结果，失意只是暂时的，因为时间会愈合一切伤痕。同时，生活中的失意不可避免，客观的世界不会允许我们主观地为所欲为，所以我们只能减少因失意所带来的影响。清楚地知道处理事情的方式比实际遇到的问题更加重要，也就是要明白事情虽败，但人未败，昨日止于昨夜，

过去的事情一去不返。唯有这样，我们才能尽力避免更多由于失意所带来的创伤。失意过后，长路还要继续走，所以，丧失的自信要找回来，畏惧的心态要去克服，这些是我们继续走下去的保证。失败了就再努力一次，错过了就继续去追寻。成功的人和失败的人的差别有时就在于前者拒绝向失意的生活妥协，是否具备不服输的精神让我们拥有不一样的人生。

十五、不是起点，而是你的生命历程决定了你的一生

很多人知道自己想要的是什么，也知道自己将去往何方，但是就是不知道自己将面对的是什么，由此而产生形形色色的焦虑情绪。很多人处于一种目标意识存在但行动空白的状态，知道有些学习对自己很有帮助，但是，偏偏不能鼓起劲去完成学业；知道有些事情自己需要面对，但是，往往到头来还是选择逃避。

怎样才能改变这种状态？其实可以很简单，放下过去的一切，背负起自己所要承担的一切。不是你所知道的事情或是你所认识的人，而是你自己来决定自己的明天。人生的竞赛属于我们每一个人，每一次成功和失败都由我们自己去承受。徐小平在《图穷对话录：我的新东方人生咨询》里说："人生有五颜六色的价值观，但一种价值观一旦被你认可，你就可能一辈子追求这种价值观而无怨无悔；世界有万紫千红的思想，但你只要接受其中一种，你就能够终生信奉它而至死不渝。"不是你的遭遇，而是你处理问题的方式使你与众不同。

人生的历程，如同四季一般，是春、夏、秋、冬的过程：如春萌

芽，绿叶青青；如夏蓬勃，绿荫华盖；如秋收成，闪耀金黄；如冬消退，天蓝月圆。如此的一个生命历程，我们可以做整体的、系统的思考。Super 将人的生涯（life-span）分成成长、探索、建立、维持和消退五个阶段，便是一种系统的思考。事实上，就每一个人的生涯历程而言，莫不如此。因此，在个人的生涯发展方面，必须做系统的思考，从整体观照、从宏观和微观的角度来进行生涯思考，是每个终要走出大学的学子需要习得的课题。

只要心怀对生命的热爱，就永远都是当打之年。

第十章　帮助每一颗心灵和谐地成长

所谓光辉岁月
不是万众瞩目时的闪亮夺目
而是无人理睬时的跋涉时光

人们在那里高谈着灵感的东西，而我却像首饰匠打金锁那样地劳动着，把一个个小环非常合适地连接起来。

——海涅

有三颗种子埋在泥土里，整个冬天，他们都在孕育自己的梦想。小豆子每天认真梳洗，梦想着自己的枝枝蔓蔓都挂满了紫色的小花和豆荚；小花种每天什么都没做，睡了又睡，她说这是为明天的生长积聚力气；小松树种每当想起自己将来伟岸的样子，就兴奋得不得了，每天都试图破土而出，无奈土给冰封住了。春天来了，小松树很兴奋，猛地从地底蹿出来，站在院子的中央大声地喊着：“快来看啊，外面是一个与黑暗完全不同的世界，天是这样的蓝，白云从山上飞过。”他奋力向上，以期看得更多、更广。过几天，一群孩子在院子里踢球，小松树苗被踩扁了，他挣扎着重新向上；小花吓坏了，她很担心冒芽之后被孩子们摘掉，只好躺在泥土里等待着；小豆子让自己在地下埋头长了好一段，在墙角把幼苗的头伸了出去，倚靠着墙，一点一点往上攀。一周过去了，院子里来了一群觅食的小鸡，它们在泥土里刨着，小花种被小鸡翻了出来，吞进了肚子里。

故事还长
请别失望

成长不仅需要阳光、空气和土壤，还

需要成长的愿望和勇气，需要探险的精神和对未知的命运的承担，需要找到一些自己所赋予的意义，经历生命本身。

属于你的
会在这个冬天到来

帮助每一颗心灵和谐地成长，不仅需要专业知识和助人意愿，更需要专业态度和专业精神。这种和谐是生态环境和心理环境的和谐。这种帮助不是上位的：你有问题我来帮你；也不是下位的：请你接受我的帮助，以便我实现帮助他人的心愿。这种帮助应该是平等的，即在助人中，我们自助，接受每一颗心灵的共振，获得包括我们自己在内的生长；以彼此的撞击来获得生命的能量，以彼此的交融和陪伴来拓展生命的深厚与宽广。

一、什么是心理问题

按照世界卫生组织的定义，健康是一个不断发展的概念，是从医学模式到“医学—心理”模式再到“医学—心理—社会”模式，是从关注生理健康到关注生理、心理健康，再到全面的健康观的一个发展过程。

心理健康按标准是一个常态分布曲线。通过对常模的挑选，我们得到的是“大部分人所具有的就是健康的”这样一种常识的概念。这个标准隐含了很多我们在评价常态和变态的时候所可能产生的问题。行为的正常和变态的标准如果以大部分人所具有的为前提，就有可能导致我们对一些特殊的人的理解被放在变态的区域之中。

因此，对心理疾病的鉴定和描述必须考虑以下三点：①有关行为或情绪的所有可能存在的背景原因；②这些行为偏离特定情境、时期和/或文化规范的程度有多大；③这些行为对个人（外在的和内在的）和社会的可能危害如何。

心理疾病在某种程度上是机体对抗环境的一种良性反应。从生物进化的观点来看，目前留下来的心理病症对人类群体的生存是有特殊意义的。抑郁的存在是由于面对太多的超出个体所能面对的压力，我们需要通过抑制神经系统的兴奋性以达到自我的保护，但是，我们不知道这个具体的度是怎样的，于是，过多的抑郁就成了抑郁症。焦虑对生存是极为重要的，当远古的人类面临来自环境的威胁时，敏感的、懂得焦虑的人就生存下来了，那些不知道害怕、不能处于焦虑状态的人都面临成为牺牲品的结局。

因此，心理问题并不是特指某种状态本身。我们区别一个行为、一种情绪反应是否恰当的、真正标准还在于它是否是可理解的，是否是个体可以控制的，是否是合情景的，是否会给自己和他人带来伤害。

心理的健康状况会导致身体的疾病。情绪和心理通过身体的变化，包括感觉系统、内分泌、消化过程、能量效率改变等，强烈地影响了我们的肉体，生活中各种应激反应的累加导致了一系列心身病症。

心理病症是一个生理、心理、精神相互影响的过程，一个人的精神生活同样会对他的心理和生理产生影响，然而，我们可以通过改变认知来安定情绪，通过修心来培养习性。

医学博士赫伯特·本森（Herbert Benson）以一系列具体的证据指出：我们的身体不只受到真实存在的因素影响，同时也受到我们信以为真的因素所影响。例如，怀孕的时候所检查出来的“假阳性”。那些相信自己怀孕的人，会出现很多怀孕的征兆、梦境与醒后心绞痛。心身医学（psychosomatic medicine）专门研究了心智情绪及生理反应之间的关系。

精神病学家弗劳依特·林研究了性格与疾病的关系，认为在面对应激时，极度反应型、欠缺反应型和拘束反应型的人分别会得溃疡、哮喘、头痛、风湿性关节炎和心脏病。

心脏病学家弗雷德曼和罗森曼研究了A型性格与B型性格的人，认为A型性格的人由于有较明显的攻击性，总是使自己处于一种应激状态之下，就算十分注意锻炼，没有不良的饮食习惯，到60岁时，也比B型性格的人容易得冠心病。

在中世纪，如果一个人“生病”“发疯”或“犯罪”，其原因和治疗都被归于社会或灵性的范畴，认为他们的管理者不足以管理好，或是他不能与适当的灵界接触。而现代则非常强调个人恰当管理自己心灵和身体的责任。如果一个人心脏病发作，就认为是他没有好好控制自己的饮食和运动；如果一个人忧郁，就认为是出于大脑里某些回路的化学物质不平衡，需要药物治疗。根据傅柯的说法，现代社会最具支配权力的论述，会使人与人彼此分开，并诱导我们把自己和身体当成有问题的物体。在某种意义上，适当地保持与事件本身的距离，可以使人有足够的时间来进行修复，这一切源自人所具有的痊愈的本能。

治疗许多精神障碍比理解它们要容易得多。在普遍的意义上，大多数精神问题是以遗传为前提条件，加上早期生活事件、药物与其他环境因素对大脑的综合作用和当前的人际关系、生活处境、认知习惯以及心

理动力学的复杂关系的结果。

在文化背景下去理解心理疾病，我们会发现心理病症的类型、病症的表达方式、病症的判断标准及病症的治疗方案都存在很大的差异。生命有各种各样的形态，同情地理解每一个人的生存状态和表达方式，本身就是一种心灵的健康与精神的和谐，从精神医学、文化人类学、社会学、历史学、宗教、艺术、心理学、伦理学的全面观察中，我们方能去理解人生中无所不在的疾病、苦难和限制，并从中获取生命的意义与承担。

二、大学的心理咨询

心理治疗，是应用心理学的理论和技术，对精神疾病和行为障碍进行帮助和改变的方法。治疗者与病人建立接触，通过语言和非语言的治疗关系，改善不能适应环境的行为模式，促进人格的成长和发展。这种变化和成长只能基于我们本身对人的本质的思考和期待，以及我们对人生目的和存在本质的认识。所有的心理治疗，都旨在帮助人们更多地认识自己的情绪、思想和行为的本质、动力及成因，并且帮助人们改变它们，以比较健康和现实的方式表达它们。治疗者通过向来访者提供某些观点而让来访者醒悟，这些观点往往是来访者没有意识到的，或一知半解的，或令他们困惑的；来访者醒悟之后，就有了改变自我，以及改变对他人的看法及感受的动机和可能；同时，他们对改变其“不健康的”“不恰当的”和“不被接受”的行为有什么看法对治疗过程也非常重要。

心理咨询，是一个更为广泛的概念，涉及职业、教育、心理健康、婚姻家庭及个人生活习惯等生活各个方面的辅助性的解惑与疏导。各种咨询都包含对来访者进行帮助的人际关系和来访者与受助者的一系列心理互动。

心理咨询的理论来自心理治疗家对人格的解释和对人格发展与形成的认识，它建立在以下原则的基础之上：①自愿建立的合作互动的行为；②帮助来访者寻找自己的价值尺度、认知框架（frame reference）；③使来访者对自己的情感、思想和行为更为负责任；④来访者发生了变化，并且这种变化发生在他的内部；⑤咨询师认识到自己的限制和他人的限制，选择适合自己的价值观念的心理咨询方法；⑥咨询的目的是助人自助。

大学的心理咨询是一个通过人际关系而达到的一种帮助过程、教育过程和增长过程。心理咨询的根本目的是助人自助。我们主要面对一些心理困扰甚至心理疾病，在专业地处理问题和治疗疾病的同时，从学生到提供帮助的其他人都需要不断地提醒自己：我们所希望达成的不仅仅是心理平衡，更是心灵成长，是努力获取内在精神的成长与完善。一个人只要解决了为什么而活的问题，就能够去承担和直面活着的过程中所面临的现实问题。换句话说，只有终极关怀的解决才能解决日常关怀的问题。

三、达成个人和谐发展的大学之旅

在某种意义上，大学的学习以达成个人的和谐发展为最终目标，我们可以把个人在大学的和谐发展之路描述成一条生存、发展和不断完善的安身立命的人生探索过程。

首先，懂得生存要求我们保持一种精神的自觉。对学问的追求，对美好与庄严的敬畏、反思与批判的精神，对人类价值与意义的追寻，对社会责任的承担与思考，是大学生的精神价值所在；生存的意识会使我们理解生活中的种种不容易，学会自我保护，学习安定与平衡。在认知的处理上，从自我走向他人，走向社会；在情感的对待上，从他人回归到自身。真正的平安应该从个人的内心开始做起，再向外影响他人。我们不可能要求他人因我们而有所改变，但是，我们可以改变自己对环境的应对方式，以获得内心的安定。

其次，保持心跳的速度，保持生活的节律与生命的节律。

再次，培养思想力、行动力和领导力。行动力，代表参与和推动、实践与履行。领导力，则体现为对自我的引导和控制，并由此延伸出对他人的领导：对环境和环境之中的人的关系的处理。自我管理，然后才是管理他人，管理自己的时间，管理自己的情绪，乃至管理自己的生活方向。

最后，激发积极情感，保持身心和谐。积极情感的激发和保持，有赖于对生活细节的体察与对生命的感恩，有赖于心灵的安定与和谐。

四、达成他人和谐发展的心理学视野

要达成一个人的和谐发展需要很多的因素，一个良好而有效的心理咨询也需要除心理技术以外的很多知识与经验的储备，而更多的成长与发展依赖于我们对人生智慧的领悟。心理学的视野是我们所需要具备的心理咨询的专业眼光。

“心理学”（psychology）一词源自古希腊。“psycho”——灵魂，心灵或精神；“loges”——理念、知识或学问。因此，“心理学”是关于灵魂的学问。这一定义一直延续到19世纪晚期。直到1879年，心理学从哲学中分离出来，才作为一门新兴的科学得到发展和扩大，从初始的研究心理意识到着重研究行为，最终成为一门有关行为、心理现象和过程的科学，其目的在于通过描述、解释、预测和控制人的行为来增进人类的福利。

作为一个严格的专业研究领域，心理学所研究的对象是人的行为、心理现象和过程。然而这个“人的行为、心理现象和过程”可能是所有科学研究对象中最不稳定和最复杂多变的。许多心理学家致力于使心理学具有科学研究的特征和地位，从而使心理学成为一种既具有特殊性的经验事实，又具有普遍性的理性原则，并具有系统性、可检验性等经验特征的实证科学。另一些心理学家则强调，应该将心理学由单纯的经验科学领域复归到人文精神领域，并相信唯有如此，才能完整地把握人性的丰富现象，更深邃地领悟生命的意义及价值。这是两种不同的心理学观。

阿尔波特（Allport）说，心理学家在界定人性时，同时具有提升和贬抑人性的作用。因此，心理学家对人性的假设极大地影响了他们对人的成长和发展的界定和对心理问题所开展的治疗方式。

五、科学主义的路径

17—19 世纪的机械主义的精神培育了新心理学的知识土壤，这种时代精神把世界想象成一架“巨大的机器”。1748 年，法国哲学家笛拉·梅特里说：“让我们大胆地断言，人是机器。”这个命题不仅在哲学上，而且在生活的一切方面，都成为时代精神的推动力，同时急剧改变了人对自己形象的看法。人是一架机器的想象日益增长，导致研究人的本性的科学方法出现。

机械主义的、分析的、决定论的研究途径使行为主义者确信：人类的行为能够借助积极强化的适当使用而加以控制、指导、改变和形成。

行为主义者这样来理解人：①人的行为基本上是机械性地对环境做出的回应，个人对环境的控制能力很微弱；②人的行为是很有规律的，是对以前发生的事所引申的功能；③行为是学习的结果，而人受外在影响的制约；④人所学到的行为被正面或负面的增强塑造；⑤若做妥当的安排和设计，可以将人已经学习到的行为加以消除，而且以有效能的行为取代没有效能的行为。

由此发展出来的行为治疗的理论与技术包括身体疗法、个体心理疗法、团体心理疗法、游戏疗法、心理剧疗法、社区辅助疗法等。

六、精神分析的路径

一般认为，1895年，弗洛伊德出版了他的第一部著作《关于歇斯底里的研究》，标志着精神分析运动正式开始。在所谓“向心”和“离心”的分野中，精神分析的对象是其他心理学流派所忽视的变态行为，它的方法是临床观察，而不是实验室研究。

有两种有影响的主要来源导致精神分析的正式建立：一种是关于无意识的心理现象本质的早期的哲学推论；另一种是精神病理学的早期工作。弗洛伊德认为，无意识的情感和思想直接或间接地影响行为。他相信成年人的人格模型在很早的生活时期已经形成，并且几乎在5岁前后就完全形成了。他设立了一系列性心理的早期发展阶段，认为人们必须成功地解决每一个阶段所面临的矛盾，这样才能避免成年以后的心理障碍，否则，这些早期阶段的困扰将会给成年时期带来焦虑、恐惧等情感。

弗洛伊德研究变态的人格与行为强调无意识的动机是性，在弗洛伊德的理论中弥漫着性欲对人格的形成的绝对影响，这一观点受到他的学生和同事的反对。阿德勒（Alfred Adler）认为，儿童希望战胜自卑并由此追求优越的奋斗形成了他的人格。荣格（Carl Gustav Jung）则将个人的自我实现放到人类历史与种族的集体无意识中加以研究。

精神分析学派对人性的理解如下。

（1）人，同时具有人性与兽性。

(2) 强调早期经验对人的影响。

(3) 特别强调人的本能，而且认为所有本能都是天生的，是生物性的，而其中对人影响最大的是性本能和侵略性冲动。

(4) 人的行为的目的往往决定于人逃避痛苦和寻求快乐的倾向。

七、人本主义的路径

第二次世界大战给人们带来的是深深的恐慌和无助感，以及对人类前途的忧虑和对自己本身的思索。“二战”后，资本主义现代化的飞速发展，在很大程度上导致了人与人、人与自然的亲密关系的瓦解，所有关系都被机械化、物质化，人失去了个性和决定自己命运的能力。这些都加剧了人们对自己的忧虑和思索。

时代精神的两个方面有利于人本心理学的发展：一是反对现代社会过分客观化和数码化的潮流，认为这种文化将使人丧失人格和个性；二是物理学理论结构的改变所导致的人对科学和物理世界的观点的改变。现在物理学承认，我们所谓的客观知识，分析到最后还是主观的——决定于观察者。所以，一切知识均是“个人的知识”（Polanyi，1958）。

人本心理学认为，个人对自己的生活与命运有选择和决定的作用。马斯洛和罗杰斯成为这场运动的领袖。二人都强调个人的自我实现倾向。马斯洛重在解释个体通过各种需求的获取与满足以达到自我实现境界的历程，而罗杰斯主要说明个体自我实现难以达到的原因。

人本主义心理学代表性观点如下：①人是理性、善良和值得信任的，人有自发性，可以自然地生长；②人的成长趋向是健康、独立自主、自我认识和自我实现的；③人各具潜质，每个人都是有价值的独特个体，有本身的尊严；④人有能力产生自觉，认识和主宰自己的生命，有内部存在的方向感；⑤人的行为往往被自我形象影响。

八、中国文化与意义的心理治疗观

弗兰克（Viktor Frankl）认为，无论是弗洛伊德的快乐原则还是阿德勒的成就意志，都无法真正解决人存在的本质问题，不足以充分完成治疗学所赋予的任务。根据现象学的分析，人存在的根本事实是“人乃是与其他存在体接触并追求意义以实现它的存在”，表示人是追求意义的存在。因此，意义治疗学的重心不能放在心理层面或社会层面，而必须放在存在的意义层面。唯有个人存在的意义问题得到真正的解决，人才有真正健康的可能。意义治疗学（logotherapy）的目的在于彻底疗愈人存在的意义问题。

中国传统文化中的儒、佛、道三家认为，人生的目的不只在于物欲的满足，更在于意义的抉择与实践。这些意义可以指道德生命的践行，也可以指个人生命的解脱，还可以指自然生命的冥契。这三者包含了世俗世间层次的人生意义与高度精神性或宗教性层次的终极意义。

与道家、佛家相比，儒家是塑造传统中国人的文化心理结构的主要力量，而在儒家内部，孟子、荀子分别对孔子的思想进行了自觉的反思；在“仁”和“礼”的双重关怀中，提出了互为补充的人性观。

孟子和荀子的人性观可以综合表述为以下四个特征。

(1) 或从情感的立场，认为人性是善的；或从认知的立场，认为人性是恶的。

(2) 仁与礼是人内在的要求和外在的规范。

(3) 人可以通过自己的努力实现道德理想。

(4) 人生的意义在于人伦责任和社会担当。

任何一种心理咨询的方法都建立在一系列关于生命、世界和人的思想与信仰之上，来访者之所以能够从咨询方法中受益，就在于他们所接受的咨询理论是从来访者认同的文化背景中汲取关于生命、人和世界的思想与信仰，并将其调适至良性循环。了解这些基本的价值建构，对我们了解自己和自己的限制，以及选择最适合自己的咨询方法有重大的意义。

九、和谐的成长是彼此生命故事的解构与重写

在飞机上，空乘人员做安全介绍时说："每一位大人在给小朋友戴氧气面罩时，先自己戴好氧气面罩。"事实上，我们每一个帮助别人的人，在援助的过程中首先不要使自己变成被救助的对象。助人自助有两个方面的含义：帮助别人获得自我成长的动力；在帮助他人的过程中，获得自我的成长。

人不是一个可以按照标准来被修复的机器。当一个咨询师把来访者视为这种“客观的东西”时，就会把人当成物体来对待，诱导他们进入被动无能的接受者角色，并形成对咨询师的依赖。

《精神障碍诊断与统计手册（第五版）》（DSM-5）只是一个研究工具，而不是衡量人的一套标准。如果心理医生认为可以把一套对同质的心智疾病的描述，应用到所有不同背景的人身上，相信他们掌握了DSM-IV疾病症状的描述和治疗的方案，就能发展出标准化的方式，对所有精神“疾病”做出可预期的有效干预，那么就很容易忽视每个人独特而局限的意义。而人只有在获得自身所赋予的意义的时候，才获得生命的推动。

不是每一个场景都需要我们去甄别、判断和假设。避免把来访者当成被问诊的对象的一种有效的方法，是对别人的生命故事和他所建构的生命意义（是什么使得他的生活有价值）真正关心和感兴趣。

人在努力使生活有意义时，所面对的是要根据事件的时间顺序整理他们的经验，以此方式达到对自己和周遭世界的合理描述，这种描述也可以用故事或叙事表达。故事的成功经验可以提供人们连贯的感觉和生活的意义，这些都仰赖每日生活的次序和进一步经验的诠释。

从经验上来说，我们的生活叙事就是我们的生活。

“叙事心理学”是心理学中的一种关心“人类行为的故事性”的观

点或立场，即人类如何通过建构故事和倾听别人的故事来处理体验。研究叙事的心理学家接受的是这样一种概念：人类行为和体验充满意义，这种意义的交流工具是故事，而非逻辑论证和固定的格式。

与叙事、社会建构论者的世界观有关的四个观念如下：①现实是社会建构出来的；②现实是经由语言构成的；③现实是借着叙事构成，并得以维持的；④没有绝对的真理。

对于运用叙事治疗的咨询师而言，不管是信念、关系、感受还是自我概念的改变，都牵涉语言的改变，咨询师工作的体系是经由治疗对话所发展出来的叙事。这意味着当生活叙事带来有害的意义，或看起来是不快乐时，都可以借由强调以前没有形成故事的不同事件，组成新的叙事。或是在主流文化具有压迫性的故事中，众人可以拒绝其支配，在活出另类故事的次文化中寻求支持。

所以，叙事治疗是一种重新述说并重新生活的故事片段。以下问话，可以帮助我们保持叙事/社会建构论者的立场。

（1）我询问的是许多描述，还是一个现实？

（2）我倾听时，是否能了解这个人体验的现实是如何经过社会建构出来的？

（3）我是否试着接纳并了解这个人的语言描述？

(4) 有哪些故事支持这个人的问题？是否有主流故事压迫或限制这个人的生活？我听到哪些边缘化的故事？我该如何诱导这个人加入这些边缘化故事的“知识的反抗”呢？

(5) 我是否把焦点放在意义上，而不是事实上？

(6) 我是否从各种广泛的事情中评估这个人，同时也诱导他评估各种广泛的事情（例如，治疗如何进行，比较喜欢的人生方向）？

(7) 我是否以自己的个人经验提出意见？我的背景、价值观和意图是否透明，好让这个人能评估我有没有出于偏见所造成的影响？

(8) 我是否落入区分病态或正常思考的陷阱？我们是否根据这个人在经验中造成问题的部分，同心协力地定义问题？我是否远避“专家的”假设或理论？

我们在以解构的方式倾听别人的故事时，是以那些故事片断有许多可能意义的信念为指引的。听者所解读的意义多半与说者意图表达的意义不同，当人们在诉说他们的故事时，我们会从中打断，以整理我们对其故事的感觉，这样可以让他们告诉我们，我们听到的意义是否与他们想表达的意义相符。

“真的”现实在表达与复述的过程中，无可避免地会发生改变。咨询师的在场，会让当事人考虑到他所面临的问话和评论，促使当事人以新的方式来检视自己的故事并使其世界出现全新的不同的现实。

随着这个历程的演变，新的意义和建构就会出现。根据叙述，我们注意到许多并未填满的空白之处，来访者必须根据自己的经验找出细节来填补，随着细节的增加，叙事的形貌就会发生改变。再者，当人们听到我们叙述出与他们不同的意义理解时，他们也会重新思量自己叙述的意义并加以修改。借着这个历程，我们以富有创意的方式，倾听到新的生命意义的建构和自我的整理，而借此生命的重新整理，我们与当事人一起，开始了新的人生的又一次出发。

帮助每一颗心灵和谐地成长也就是帮助自己成长。在倾听别人生命叙事的过程中，我们自己的生命故事也将被启动，在相逢、相知、相遇的过程中，我们将日渐学会自强不息，止于至善。

参考文献

阿德勒. 超越自卑[M]. 黄光国，译. 北京：国际文化出版公司，2005.

阿德勒，普罗科特. 沟通的艺术：看入人里，看出人外：插图第 12 版［M]. 黄素菲，译. 北京：世界图书出版公司北京公司，2010.

阿伦森. 社会性动物：第九版［M]. 邢占军，译. 上海：华东师范大学出版社，2007.

爱因斯坦，许良英，赵中立，等. 爱因斯坦文集：第 3 卷［M]. 北京：商务印书馆，2017.

波兰尼. 个人知识：迈向后批判哲学［M]. 许泽民，译. 贵阳：贵州人民出版社，2000.

布雷姆，米勒，珀尔曼，等. 亲密关系［M]. 郭辉，肖斌，刘煜，译. 3 版. 北京：人民邮电出版社，2007.

常晋芳. 人文博物馆：哲学卷［M]. 济南：山东教育出版社，2008.

陈永涌，霍涌泉. 论道家视野中的乐观心理学思想［J]. 青海社会科学，2014（3）：38–41.

程颢，程颐，陈京伟. 河南程氏遗书：河南程氏外书：上［M]. 济南：山东人民出版社，2020.

德波顿. 身份的焦虑［M]. 陈广兴，南治国，译. 上海：上海译文出版社，2007.

德波顿. 哲学的慰藉［M]. 资中筠，译. 上海：上海译文出版社，2004.

樊富珉. 大学生心理健康教育研究［M］. 北京：清华大学出版社，2002.

樊富珉. 大学生心理健康与发展［M］. 北京：清华大学出版社，1997.

樊富珉，费俊峰. 青年心理健康十五讲［M］. 北京：北京大学出版社，2006.

费孝通. 乡土中国［M］. 北京：人民出版社，2008.

冯刚. 大学，梦起飞的地方［M］. 北京：清华大学出版社，2005.

弗兰克. 活出意义来［M］. 赵可式，沈锦惠，朱晓权，译. 北京：生活·读书·新知三联书店，1998.

弗洛姆. 爱的艺术［M］. 刘福堂，译. 桂林：广西师范大学出版社，2002.

高清海. 找回失去的"哲学自我"：哲学创新的生命本性［M］. 北京：北京师范大学出版社，2004.

格里格，津巴多. 心理学与生活［M］. 王垒，王甦，等译. 北京：人民邮电出版社，2003.

葛鲁嘉. 哲学形态的心理学：哲学心理学与心理学哲学［M］. 上海：上海教育出版社，2014.

葛鲁嘉. 宗教形态的心理学：宗教传统和研究的心理学智慧［M］. 上海：上海教育出版社，2016.

古川武士. 坚持，一种可以养成的习惯［M］. 陈美瑛，译. 北京：北京联合出版公司，2016.

郭念锋. 临床心理学导论［M］. 北京：中国科学院心理研究所、心理学函授大学，1986.

郭齐勇. 儒释道三教中的心理学原理［J］. 湖北大学学报（哲学社会科学版），2008（3）：3-5.

郭硕知. 道教文化与心理健康研究刍议 [J]. 心理学探新，2018，38 (05)：397-403.

国家体育总局. 2014 年全国学生体质健康调研结果 [J]. 中国学校卫生，2015 (12)：4.

国家卫生计生委疾病预防控制局. 中国居民营养与慢性病状况报告：2015 年 [M]. 北京：人民卫生出版社，2015.

哈克. 改变心理学的 40 项研究：探索心理学研究的历史 [M]. 白学军，等译. 北京：中国轻工业出版社，2004.

亨特. 心理学的故事：源起与演变 [M]. 李斯，王月瑞，译. 海口：海南出版社，1999.

黄蘅玉. 你，会回来吗?：心理治疗师与你对话生死 [M]. 上海：上海社会科学院出版社，2018.

江光荣. 心理咨询与治疗 [M]. 合肥：安徽人民出版社，1995.

江光荣. 选择与成长：大学生心理学 [M]. 武汉：华中师范大学出版社，2004.

江涛. 积极心理学的本土性观照：从儒家教育经典《论语》说起 [J]. 临沂大学学报，2014，36 (1)：41-45.

津巴多，利佩. 态度改变与社会影响 [M]. 邓羽，肖莉，唐小艳，等译. 北京：人民邮电出版社，2007.

凯勒，段其民，白云天. 假如给我三天光明 [M]. 北京：中国对外翻译出版公司，2006.

康德. 实践理性批判 [M]. 邓晓芒，译. 北京：人民出版社，2004.

科廷汉. 生活有意义吗 [M]. 王楠，译. 桂林：广西师范大学出版社，2007.

李丹. 学校心理卫生学［M］. 南宁：广西教育出版社，1999.

李妮，陈公义. 国学与人生：中华传统文化中的积极心理［M］. 北京：化学工业出版社，2018.

廖凤池，钮文英. 问题解决咨商模式［M］. 台北：张老师文化事业股份有限公司，1980.

林孟平. 辅导与心理治疗［M］. 香港：商务印书馆香港分馆，1986.

刘华山，郭永玉. 学校教育心理学［M］. 武汉：湖北人民出版社，1997.

刘华山. 学校心理辅导［M］. 合肥：安徽人民出版社，2001.

卢森堡. 非暴力沟通［M］. 阮胤华，译. 北京：华夏出版社，2009.

吕坤维. 中国人的情感：文化心理学阐释［M］. 谢中垚，译.北京：北京师范大学出版社，2019.

罗杰斯. 个人形成论：我的心理治疗观［M］. 杨广学，尤娜，潘福勤，译. 北京：中国人民大学出版社，2004.

罗杰斯. 卡尔·罗杰斯论会心团体［M］. 张宝蕊，译. 北京：中国人民大学出版社，2006.

罗俊.《般若波罗蜜多心经》中的积极心理学［J］. 科教导刊（电子版），2015（23）：175.

马一波，钟华. 叙事心理学［M］. 上海：上海教育出版社，2006.

麦克沃特，等. 新新人类五大危机：综合辅导策略［M］. 王宝墉，译. 台北：台湾心理出版社股份有限公司，1998.

梅. 爱与意志［M］. 冯川，译. 2版. 北京：国际文化出版公司，1998.

潘菽. 中国古代心理学思想［M］. 北京：北京出版社，2018.

彭聃龄. 普通心理学（修订版）［M］. 北京：北京师范大学出版社，2004.

彭鹏. 心是什么：心文化与心理学的视角：兼谈心理学的流变与中国文化心理学的可能［J］. 心理学探新，2010，30（5）：11–14.

彭塔力斯. 窗［M］. 孟湄，译. 南京：江苏人民出版社，2005.

普劳斯. 决策与判断［M］. 施俊琦，王星，译. 北京：人民邮电出版社，2005.

契克森米哈赖. 心流：最优体验心理学［M］. 张定绮，译.北京：中信出版社， 2017.

钱铭怡. 心理咨询与心理治疗［M］. 北京：北京大学出版社，1994.

萨勒. 行为背后的心理奥秘［M］. 王薇，译. 北京：中国人民大学出版社，2008.

舒婷. 致橡树［M］. 南京：江苏文艺出版社，2003.

斯滕伯格，威廉姆斯. 教育心理学［M］. 张厚粲，译. 北京：中国轻工业出版社，2003.

宋宝萍，于小强，麻琳琳.《论语》中的积极人格思想［J］. 长安大学学报（社会科学版），2014，16（3）：88–92.

孙时进，范新河. 成功与超越：如何把握自我［M］. 上海：上海科学普及出版社，2000.

孙时进. 社会心理学［M］. 上海：复旦大学出版社，2005.

王弼，楼宇烈. 老子道德经注校释［M］. 北京：中华书局， 2008.

韦登. 心理学导论：原书第 9 版［M］. 高定国，等译. 北京：机械工业出版社，2016.

沃尔顿. 人性：情绪的历史［M］. 王锦，刘建鸿，梁良，等译. 上海：

上海科学普及出版社，2007.

吴灿新. 幸福文化本质上是一种道德文化［J］. 伦理学研究，2012（1）：116–121.

吴武典. 辅导原理［M］. 台北：台湾心理出版社股份有限公司，1990.

吴武典. 社会变迁与辅导［M］. 台北：台湾心理出版社股份有限公司，1999.

吴增强. 学校心理辅导通论：原理·方法·实务［M］. 上海：上海科技教育出版社，2004.

伍晗，熊恋，唐钦. 积极心理学与中国传统道家思想的一致与冲突［J］. 社会心理科学，2012，27（4）：20–23，39.

西沃德，巴特丽特. 青少年心理压力管理手册［M］. 刘丹，译. 北京：世界图书出版公司北京公司，2006.

徐复观，李维武. 徐复观文集［M］. 武汉：湖北人民出版社，2002.

伊根. 高明的心理助人者：心理咨询的操作过程与技能［M］. 郑维廉，译. 5 版. 上海：上海教育出版社，1999.

伊根. 高明的心理助人者：心理咨询的操作过程与技能［M］. 郑维廉，译. 上海：上海教育出版社，1999.

尤娜，杨广学. 象征与叙事：现象学心理治疗［M］. 济南：山东人民出版社，2006.

岳晓东. 登天的感觉：我在哈佛大学做心理咨询［M］. 上海：上海人民出版社，2004.

张大均. 教学心理学［M］. 重庆：西南师范大学出版社，1997.

张玲，孙丽华，张敏，等. 心理健康研究与指导［M］. 北京：教育科学出版社，2001.

郑日昌，陈永胜. 学校心理咨询［M］. 北京：人民教育出版社，1991.

郑照顺. 青少年生活压力与辅导［M］. 广州：广东世界图书出版公司，2003.

钟年.中文语境下的“心理”和“心理学”［J］. 心理学报，2008，40（6）：748–756.

ANDREWS B R. Habit［J］. The American journal of psychology，1903，14 (2)：121–149.

BARRETT K C, CAMPOS J J. Perspectives on emotional development II: a functionalist approach to emotions［M］// OSOFSKY J D. Handbook of infant development. 2nd ed. New York: Wiley, 1987: 555–578.

BARNES T D，KUBOTA Y，HU D，et al. Activity of striatal neurons reflects dynamic encoding and recoding of procedural memories［J］. Nature，2005，437 (7062)：1158–1161.

CALLAHAN D. The WHO definition of “health”［J］. Hastings center studies，1973，1（3）：77–87.

DUHIGG C. The power of habit: why we do what we do in life and business［M］. New York: Random House，2012.

GRAD F P. The preamble of the constitution of the World Health Organization［M］. Bulletin of the world health organization，2002，80（12）：981–984.

HASAN M，KANNA M S，JUN W，et al. Schema–like learning and memory consolidation acting through myelination［J］. The FASEB journal，

2019，33（11）：11758–11775.

HERRMAN H，SAXENA S，MOODIE R. Promoting mental health: Concepts，emerging evidence，practice: Summary report[C]. Geneva: World Health Organization，2004.

HUBER M，KNOTTNERUS J A，GREEN L，et al. How should we define health?[J]. BMJ，2011，343（4163）: 235–237.

HURLEY D. Smarter: the new science of building brain power[M]. London：Penguin Group，2014.

IVEY A E. 咨商与心理治疗：技巧、理论与练习［M］. 阳琪，编译. 台北：台湾桂冠图书股份有限公司，1986.

JAHODA M. Current concepts of positive mental health[M]. New York：Basic Books，1958.

KELLER T A，JUST M A. Altering cortical connectivity：remediation–induced changes in the white matter of poor readers［J］. Neuron，2009，64 (5) : 624–631.

LAHTINEN E，LEHTINEN V，RIIKONEN E，et al. Framework for promoting mental health in Europe［C］. Hamina: Ministry of Social Affairs and Health，1999.

LALLY P，VAN JAARSVELD C H，POTTS H W，et al. How are habits formed: modelling habit formation in the real world［J］. European journal of social psychology，2010，40（6）：998–1009.

LEHTINEN V，RIIKONEN E，LAHTINEN E. Promotion of mental health on the European agenda［C］. Helsinki，Finland: National Research and Development，1997.

LOO C M . The self-puzzle: a diagnostic and therapeutic tool [J]. Journal of personality assessment, 1974, 38 (3) : 236–242.

MASLOW A H, MITTELMANN B. Principles of abnormal psychology: the dynamics of psychic illness[M]. New York: Harper & Brothers, 1941.

MAXWELL M. Psycho-Cybernetics [M]. New York: Simon & Schuster, 1960.

MURPHY H. The meaning of symptom-check-list scores in mental health surveys: a testing of multiple hypotheses [J]. Social science & medicine, 1978, 12 (2A): 67–75.

NATTERSON-HOROWITZ B, BOWERS K. Zoobiquity: what animals can teach us about health and the science of healing [M]. New York: A. A. Knopf, 2012.

SARTORIUS T, GOLDBERG D, TANTAM D. The public health impact of mental disorders[M]// HOLLAND W, DETELS R, KNOX G. Oxford textbook of public health. London: Oxford University Press, 1991: 268–269.

TSAI S M, CHEN C, KUO C, et al. 15-year outcome of treated bipolar disorder [J]. Journal of affective disorders, 2001, 63 (1-3): 215–220.

WATTERS E. Crazy like us: the globalization of the American psyche [M]. New York: Free Press, 2010.

World Health Organization. World health statistics 2020: monitoring health for the SDGs, sustainable development goals [EB/OL]. [2021-06-01] . https://apps. who. int/iris/handle/10665/332070.

后　记

在学校做心理健康教育工作的这些年，接触了许多学生，在很多咨询的经历中发现：对自我了解、人际关系、情绪调节、压力管理、两性交往、生涯规划、价值观念等问题的探索是大学生最关心或最为困扰的区域。这些问题无疑都是发展性的，是每个学生在迈向成熟人生的过程中必然会面临的。

虽然每个人都会经历，但不一定每个人都可以顺利发展，在成长与成熟的过程中常常会感受到疑惑、矛盾、冲突、压力与挫折。如果从大学生的成长环境与教育者的教育职能来探究原因的话，有两个方面不容忽视：一是大学时期是一个人人生发展的重要阶段，生活变化较为剧烈，对学生而言，那是生活经验与生存能力的考验，更是信念与变革的冲击；二是很多人以为成长与成熟是一件自然而然的事情，是不需要学习的，年龄到了就会长大，时机成熟了就会懂得。因此，大学生在受教育的经历中，很少有课程或机会去直接探讨有关其自身发展的问题。结果大学生对自己、对环境的了解及生活能力都相当地有限和缺乏，在其面临发展任务时，难免会出现不适应或不知如何适应。

2009 年夏天，中山大学心理健康教育咨询中心组织各位老师投入本书的编写工作中；2020 年，再次启动本书的修订再版工作：李桦负责全书的修订及第一章和第十章，李宝山负责第二章，黄成负责第三章，倪崟浩负责第四章，刘志成负责第五章，王许东云和张广东负责第六章，张广东负责第七章，许俊斌负责第八章，余志毅负责第九章。由小林老师提供插画。

这本书提出了一些问题，并给予我们关于这些问题的协助与支持，在探求的过程中没有拘泥于心理学的理论体系，也没有从理论的角度探究人类心理的奥秘，而是从我们的工作经验出发，从我们理解的学生的需求出发，选择了一些饶有意味的话题作为开端。我们把这本书作为给刚刚进入大学、踏上人生新旅程的新生的礼物。我们更希望这是一个美好的开始，希望有更多的人加入进来，一起思考书中所及之问题，共同为大学生提供更多的知识与技能，传递健康的人生态度，支持他们在激情洋溢的快乐中度过充实的青春年华。

在本书的编写过程中，编者参阅了部分专家学者和学生工作同人撰写的专著和有关论文，在此谨致谢忱。我们保留了《心灵的成长——关爱心灵的礼物》（第1版）刘小枫老师的引言和樊富珉老师的序言，增加了冯达文先生的序言，以回应这个不断变化的时代的要求。

感谢中山大学出版社的鼓励与督促，才让这本书从一个又一个的想法变成了现实。

虽然我们已经用心尽力，但是疏漏难免，期望大家不吝指正。

李 桦

康乐园东南区234栋

2021年5月1日